CIÊNCIA E FICÇÃO EM FREUD

Blucher

CIÊNCIA E FICÇÃO EM FREUD

Qual epistemologia para a psicanálise?

Isabelle Alfandary

Tradução

Rafaela Flores

Revisão técnica

Vladimir Safatle

Ciência e ficção em Freud: qual epistemologia para a psicanálise?
Título original: *Science et fiction chez Freud: quelle épistémologie pour la psychanalyse?*

Publisher Edgard Blücher
Editor Eduardo Blücher
Coordenação editorial Jonatas Eliakim
Produção editorial Luana Negraes
Preparação de texto Maurício Katayama
Diagramação Guilherme Henrique
Revisão de texto Karen Daikuzono
Capa Leandro Cunha
Imagem da capa iStockphoto

Blucher

Rua Pedroso Alvarenga, 1245, 4º andar
04531-934 – São Paulo – SP – Brasil
Tel.: 55 11 3078-5366
contato@blucher.com.br
www.blucher.com.br

Segundo o Novo Acordo Ortográfico, conforme 5. ed. do *Vocabulário Ortográfico da Língua Portuguesa*, Academia Brasileira de Letras, março de 2009.

Dados Internacionais de Catalogação
na Publicação (CIP)
Angélica Ilacqua CRB-8/7057

Alfandary, Isabelle

Ciência e ficção em Freud : qual epistemologia para a psicanálise? / Isabelle Alfandary ; tradução de Rafaela Flores. – São Paulo : Blucher, 2022.

200 p.

Bibliografia

ISBN 978-65-5506-548-0 (impresso)

ISBN 978-65-5506-549-7 (eletrônico)

Título original: *Science et fiction chez Freud: quelle épistémologie pour la psychanalyse?*

1. Psicanálise 2. Ciência e psicanálise 3. Freud, Sigmund, 1856-1939 4. Psicanálise – História I. Título. II. Flores, Rafaela.

22-1195 CDD 150.195

Índice para catálogo sistemático:
1. Psicanálise

Para Emmanuel Weitzenblum

Conteúdo

Introdução

A cientificidade foi a grande questão desde a origem da psicanálise: Sigmund Freud nunca cessou a busca em fundar e em fazer reconhecer sua descoberta como ciência nova e independente. Essa preocupação, que é tão antiga quanto a própria psicanálise, pode parecer um problema historiográfico ou epistemológico reservado a alguns poucos especialistas. Embora seja inegável que essa questão trate do lugar da psicanálise na história da ciência, ela é, no entanto, de âmbito muito mais amplo e de atualidade ardente em um momento em que a psicanálise está sendo colocada em competição com terapias cognitivo-comportamentais que reivindicam uma objetividade baseada no conhecimento médico do funcionamento do cérebro e do comportamento humano. Freud, apesar de neurologista de formação, rompe precocemente com a medicina e renuncia *sine die* com a esperança de localizar organicamente ou de identificar histologicamente o objeto de sua descoberta: o inconsciente. A cientificidade da psicanálise, entretanto, não é apenas uma questão entre outras. Um *status* científico para a psicanálise é o único capaz de estender e de justificar a empreitada freudiana e de distinguir de modo irrevogável a prática da palavra e da escuta que caracteriza a quantidade de métodos – inclusive os mais ou menos eficazes – com objetivo terapêutico, ancestrais e contemporâneos, formalizados ou não, mas sem fundamento racional, nem esquema explicativo. A cura das histéricas por meio da qual se inaugura o método psicanalítico não é mágica nem milagrosa. Freud busca primeiramente demonstrar em teoria a eficácia terapêutica de sua prática. A ciência do inconsciente não deve nem pode escapar da legislação da racionalidade geral, mesmo se o seu objeto – o inconsciente – coloca ao seu descobridor dificuldades específicas que são devidas a seu traço não fenomenal.

Hoje, mais do que nunca, a psicanálise é solicitada e intimada – e talvez não somente por seus detratores – a fazer prova de validade de sua descoberta e de sua diferença na espessura das terapias mais ou menos sérias. A presente obra não pretende avançar no campo da comparação dos métodos, nem da avaliação de sua pertinência, nem de sua eficácia respectiva. É necessário, entretanto, voltarmos detalhadamente no projeto freudiano de fundar uma ciência do inconsciente para examinar as premissas, os problemas e os impasses.

A fundação e a validação da psicanálise freudiana como ciência mostrou-se uma empreitada de longo curso. Para demonstrar a validade de seu método, inseparavelmente ligada à necessidade de sua descoberta, Freud solicitara de fato argumentos e estratégias sucessivas e distintas. Os modos de fundação e de transmissão da psicanálise evoluíram ao longo do tempo principalmente porque Freud não podia renunciar a consolidar a psicanálise no campo da ciência, sem alcançá-la de modo definitivo. Renunciar à garantia que representa a ciência lhe parecia, no entanto, impossível, na medida em que isso significaria expor a psicanálise como teoria e como prática à armadilha da fé e da taumaturgia. A cura pela palavra não tem relação alguma com a ideia que faz seu inventor de uma prática xamânica. Ela é baseada em uma necessidade estrita que ele nunca deixou de tentar demonstrar e de argumentar.

A presente obra se propõe a questionar os modelos epistemológicos sucessivos que desenharam a ciência psicanalítica e a examinar as reviravoltas epistêmicas na concepção e na comunicação do inconsciente, bem como as estratégias discursivas que os acompanharam.

A evolução do pensamento freudiano sobre o seu objeto demonstra-se inseparável dos gêneros da escritura da psicanálise. Freud elabora e difunde a psicanálise nas trocas mantidas com seus pares e discípulos, e igualmente na voluminosa obra escrita que ele nos delegou: seus ensaios e artigos conservam o arquivo do gesto da fundação inúmeras vezes recomeçada e de algumas transformações – elaborações, alterações, mudanças – epistemológicas decisivas. Não há apenas um, há estilos de Freud – estilos que é preciso ouvir não como acepção literal do termo, mas como os meios discursivos e formas argumentativas pelas quais se expõe e se transmite uma teoria freudiana da psique. Esses estilos correspondem a momentos na concepção do inconsciente: eles vêm dar forma e figura a um objeto que está desprovido disso. A obra freudiana se divide então em gêneros ou em subgêneros distintos que Freud empresta, revisita, investe e depois abandona, e às vezes inventa. De estudos de caso às ficções antropológicas, passando pelos ensaios de psicanálise aplicada, todos os escritos freudianos estão longe de serem considerados puramente artigos de comunicação científica. Por que ter multiplicado e dado sequência a vários gêneros de escritura para a psicanálise? Todas as vezes, Freud explora e aprofunda a ponto de experimentar, até mesmo exaurir, um modelo epistemológico e uma modalidade de transmissão e de representação da psicanálise.

Michel de Certeau distinguiu de modo justo dois tipos de texto em Freud:

> *Os primeiros praticam a teoria, os segundos a expõem, como um saber do mestre. À segunda categoria pertencem*

> *as "Lições", "Contribuição", "Resumo" etc. enquanto, nos primeiros, o discurso psicanalítico é ele mesmo submetido à lei das transformações e deformações das quais ele se ocupa. Nos segundos, ele se garante um lugar magisterial dentro da própria instituição psicanalítica e social que o apoia. Constata-se um duplo jogo observado desde o início. Ele se desenvolveu no freudismo, provocando nele uma oscilação entre momentos que poderíamos chamar de analíticos e momentos didáticos. A história da psicanálise é formada por esta alternância entre as elucidações transferenciais e os refortalecimentos pedagógicos.*[1]

É mais ao primeiro gênero, assim distinguido, que se voltará a presente obra, sem se proibir, entretanto, algumas incursões no segundo gênero. Apesar das diferenças dos estilos freudianos e das epistemes que lhes estão intimamente ligadas, a fundação e a transmissão do inconsciente entretêm certa relação com o que se pode chamar – *volens nolens* – do nome de ficção. A ficção da qual se trata em Freud não é sinônimo, não obstante, de literatura – literatura pela qual Freud tem inclusive uma admiração sem limites: ela se torna um meio de exploração, de modelização e de transmissão da hipótese do inconsciente.

Freud, por sua vez, não reconhece o conceito de ficção como seu: o Freud científico desconfia, em algumas ocasiões zomba gentilmente, de tal procedimento cada vez que ele é levado a cruzá-lo dentro do campo de sua empreitada teórica. O que o autoriza a reler tudo ou parte da obra freudiana à luz de um conceito em que o próprio Freud não quer ouvir falar? A proposta de caminhar com e contra

---

1 M. de Certeau, *Histoire et psychanalyse entre science et fiction*, Paris, Gallimard, 1987, p. 126.

Freud em uma reavaliação da obra, ao prisma da ficção, procede de uma justificação que Jean Laplanche admiravelmente descreveu:

> *Penso que existe certo nível de interpretação que permite perceber pelos rastros alguma coisa em Freud que eu nomeio, há muito tempo, de exigência. A exigência é algo que é ditado pelo* objeto*: nem pelo homem Freud, nem pela lógica. De certa maneira, como para o método psicanalítico, é o objeto "inconsciente" que orienta a própria evolução do pensamento. Interpretar Freud com Freud, a partir da exigência, é decompor, adaptar* mutatis mutandis *as próprias regras de Freud da dissolução, para eventualmente ver as coisas se recomporem de modo diferente sob os nossos olhos, precisamente a partir da exigência do objeto.*[2]

É a exigência do objeto "inconsciente", descoberto por Freud, que dita a imperativa necessidade de repensar a psicanálise freudiana no entrelaçado entre ciência e ficção, e isto apesar da resistência ou até mesmo da negação, que anima Freud diante de um conceito que lhe parece antinômico de toda a metodologia científica digna desse nome. O mesmo Laplanche sugere em meias palavras, em outro texto, que a fidelidade à descoberta freudiana passa eventualmente por um movimento aparentemente contrário e determinadamente crítico:

> *Minha tese quanto à Freud – porque evidentemente nós estamos na posterioridade de Freud – eu o enunciarei da seguinte forma: "Não se deve privar um autor [não*

2 J. Laplanche, *Le Fourvoiement biologisant de la sexualité chez Freud*, Paris, Les Empêcheurs de penser en rond, 1993, p. 7.

> *se deve privar Freud] de seus próprios limites". É uma fórmula um pouco paradoxal: quero dizer que o privando de seus limites chegamos a fazê-lo dizer qualquer coisa, e tornamos impossível a discussão e o progresso.*[3]

Nada seria mais contrário ao espírito de uma ciência do inconsciente, enunciada assim por Freud, que a repressão de intuições teóricas – a ficção é o que incontestavelmente merece ser examinada.

---

3 J. Laplanche, *Problématiques VI, L'après-coup*, Paris, PUF, 2006, p. 156.

1. O inconsciente como hipótese

Freud não via divórcio entre a ciência e a sua ciência, a psicanálise, mesmo quando esta última defendia pontos de vista considerados como errôneos pela ciência.

André Green, *O trabalho do negativo*

O inconsciente é uma hipótese que seu inventor não cessou de buscar apoiar, confrontar a multiplicidade dos casos e dos sonhos, aplicar em outros contextos culturais e históricos que não o clínico do qual ela emergiu e comunicar seus resultados. Avançando a hipótese do inconsciente, Freud se engajou no caminho da ciência. A psicanálise que ele funda não é aos seus olhos somente um método terapêutico, nem mesmo uma hermenêutica, também não é um anexo da psicologia ou da psiquiatria, mas, sobretudo, uma ciência nova e independente.

O que justifica a fundação de uma ciência nova é o fato de que a psicanálise destaca e explica manifestações que até então eram despercebidas ou tidas como negligenciáveis e que as relaciona a um princípio único. A ciência do inconsciente identifica fenômenos novos com os quais nenhum outro campo do saber havia se preocupado, isola certos fatos ou atos cuja ocorrência é explicada por uma concepção nova e inferências inéditas. Ciência da natureza,[1] segundo Freud, a psicanálise retira então da clínica – a começar pela clínica da histeria – uma série de princípios e de leis. Na lição sobre "Sonho e ocultismo" (1933), Freud expõe seu método: "Vamos proceder assim como fazemos com qualquer outro material da ciência: primeiro, verificar se tais acontecimentos são efetivamente comprovados, e depois – mas só depois – que sua realidade não der margem a dúvidas, procurarmos a explicação para eles".[2]

A primeira etapa da metodologia consiste em isolar o que a ciência nova reconhece como fenômenos. Estes se encaixam em um novo recorte da realidade: ao lado da realidade material, Freud destaca uma realidade não menos irreduzível: a dos desejos inconscientes e das fantasias, a realidade psíquica.

A psicanálise identifica fenômenos que considera inteligíveis a partir dos quais renova radicalmente o *status*. É o caso do sonho. Não que a interpretação do sonho tenha sido inventada por Freud – esta prática humana existe desde a mais alta Antiguidade –, o método que ele desenvolve é, em contrapartida, sem precedentes. Freud estabelece que alguns fenômenos que passaram despercebidos até o momento têm uma logística estrita que pode doravante ser descrita. A cura das histéricas pela qual se inaugura o método psicanalítico é acompanhada por uma elaboração teórica de tipo científico. Freud

---

1 "Freud considerava a psicanálise como uma ciência da natureza, o que só faz sentido se levarmos em conta a distinção entre ciências da natureza (*Naturwissenschaften*) e ciências do espírito (*Geisteswissenschaften*), no mundo germânico no final do século XIX, profundamente marcado pela conhecida querela dos métodos." M. Winograd e M. Davidovich, "Psychanalyse freudienne et épistémologie. Disputes politiques", *Recherches en psychanalyse* 2014/1, p. 73.

2 S. Freud, *Novas conferências introdutórias à psicanálise* (1933), OCF 18, São Paulo: Companhia das Letras, 2010, p. 115.

desenvolve um conjunto de fenômenos e sustenta o princípio da universalidade dos processos psíquicos que concernem tanto aos doentes que vêm consultar como às pessoas que não sofrem de distúrbios nervosos.

Este último ponto é de fato capital para a fundação de uma ciência independente das ciências já existentes e principalmente da psiquiatria, ocupada em descrever e em tratar o que se compreende comumente por doença mental. Diferentemente da medicina, a psicanálise se interessa sobretudo pelos "fenômenos normais", relativos aos "sujeitos normais". Como lembrou Georges Canguilhem, Friedrich Nietzsche havia estabelecido em seu tempo, a partir dos traços de Claude Bernard, uma relação de homogeneidade da doença e da saúde que não é estrangeira à concepção freudiana. "O valor de todos os estados mórbidos consiste no fato de que eles mostram sob uma lupa certas condições, que, ainda que normais, são dificilmente visíveis no estado normal."[3] Não que a psicanálise não reconheça a existência de manifestações patológicas como tais, mas as vias do sofrimento não são procedentes de esquemas de causalidade fundamentalmente diferentes dos processos ditos "normais". A fenomenalidade psíquica que Freud descobre tem uma vocação terapêutica, mas não uma base estritamente mórbida. A lógica inconsciente que ele identifica concerne tanto às pessoas "sãs de corpo e de espírito" como às outras. Diante do sonho, Freud se encontra na impossibilidade de distinguir o normal do patológico. O princípio de causa dos fenômenos psíquicos confunde as categorias que são, em contrapartida, bem distintas entre o normal e o patológico. A causa dos distúrbios que a psicanálise descreve e trata não corresponde a um modelo idêntico do qual os sintomas orgânicos surgem.

---

3 F. Nietzsche, *La Volonté de puissance*, § 533, citado por G. Canguilhem, *Le Normal et le Pathologique*, Paris, PUF, 2013, p. 20.

Os fenômenos que estuda a psicanálise podem parecer primeiramente heterogêneos comparados uns aos outros:[4] atos falhos, ações fortuitas, erros, sonhos, delírios, visões, ideias compulsivas, devaneios, lapsos, jogos de palavras. Esse inventário, que concerne tanto aos sujeitos ditos normais quanto aos que apresentam distúrbios nervosos, é heteróclito somente em aparência. A nova ciência freudiana levanta, sob a contingência aparente de eventos que acreditamos fortuitos, uma necessidade e uma comunidade profundas. O que estas manifestações percebidas como insignificantes têm em comum é que elas podem ser levadas a um princípio de inteligibilidade único. A psicanálise volta sua atenção sobre os "indícios muito fracos",[5] "aqueles eventos modestos, descartados pelas demais ciências como demasiado insignificantes – o refugo, por assim dizer, do mundo dos fenômenos".[6] Freud não ignora o quanto sua abordagem é audaciosa, até mesmo escandalosa. Ele chega a fazer de conta que dá a palavra aos seus críticos mais amargos:

> *mas se tudo que ela [a psicanálise] pode fazer é explicar por que um orador eventualmente troca uma palavra por outra ou por que uma dona de casa não sabe onde guardou as chaves e outras futilidades desse tipo, nesse caso temos melhor emprego para nosso tempo e interesse.*[7]

4 "Quem não conhece os fatos patológicos, vê como casuais os lapsos das pessoas normais e se limita à velha sabedoria de que 'os sonhos são espumas' [*Träume sind Schäume*], precisa apenas negligenciar mais alguns enigmas da psicologia da consciência para se poupar a hipótese de uma atividade anímica inconsciente." S. Freud, *Metapsicologia*, *OCF* 12, São Paulo, Companhia das Letras, 2010, p. 77.

5 S. Freud, *Conferências introdutórias à psicanálise*, *OCF* 18, São Paulo, Companhia das Letras, 2010, p. 26.

6 *Ibid.*, p. 26.

7 *Ibid.*

Em contrapartida, este "refugo dos fenômenos" abre o caminho para uma investigação científica, para se fazer destacar uma ordem de determinação paralela ao que ele designa como "desencadeamento da fenomenologia do mundo". A necessidade dos fenômenos psíquicos é menos estabelecida que a de fenômenos físicos e se desenvolve em outro plano lógico: "Mas romper dessa forma o determinismo natural, ainda que em um único ponto, é o mesmo que abrir mão da totalidade da concepção científica do mundo".[8] Em 1907, Freud sustenta a tese do determinismo psíquico estrito:

> *Mas há muito menos liberdade e arbitrariedades na própria vida que somos obrigados a admitir que talvez não haja nada disso. O que no mundo exterior denominamos acaso resolve-se em leis, como é sabido. Também o que na esfera psíquica denominamos arbítrio baseia-se em leis – apenas obscuramente entrevistas, por enquanto.*[9]

Como existe a intuição nisto, as repercussões epistemológicas de sua descoberta não são negligenciáveis. Uma ciência do inconsciente digna deste nome desafia os fundamentos da ideia de ciência, nossa concepção do fenomenal e até mesmo nossa representação do mundo.

Freud assim defende que alguns de nossos pensamentos – que ele designa pelo nome de "atos anímicos"[10] –, mesmo aqueles que nos parecem mais insignificantes ou insensatos, são atrelados aos processos que podem ser precisamente descritos. Inclusive o que a psiquiatria chama de "ideia delirante" é um processo que, por mais complexo e contrariador que seja, pode ser explicado se necessário. Se a ideia

---

8 *Ibid.*

9 S. Freud, *O delírio e os sonhos na Gradiva*, *OCF* 8, São Paulo, Companhia das Letras, 2015, p. 8.

10 S. Freud, *Metapsicologia*, *OCF* 12, São Paulo, Companhia das Letras, 2010, p. 77.

é chamada de delirante, sua formação é estritamente necessária. Na base da tese nietzschiana segundo a qual a razão não é de forma alguma pensamento, Freud sustenta que a consciência está longe de constituir a psique em sua totalidade.[11] A psicanálise não faz nenhum julgamento à racionalidade como tal: é o único império da consciência irrevogavelmente reduzido sob o efeito de sua hipótese, que ela mesma critica. Desde Platão, a história da filosofia tem se esforçado para explicar nossas ideias racionais; a psicanálise se dá por tarefa tomar conhecimento de alguns de nossos pensamentos, mesmo absurdos, ou fantasiosos, de nossas ideias incidentes, de suas trajetórias, que escapam à jurisdição da consciência e à ordem cartesiana das razões. As ideias que nos atravessam nos obscurecem, inclusive as que atravessam ou obscurecem o homem dito "normal"; as da vida diurna, as que pairam em nossos sonhos, não se devem ao acaso. A origem de nossos pensamentos comuns ou fortuitos estava até então tida como indiferente, porque Freud sugere que ela era desconhecida; a psicanálise contesta este duplo postulado. É precisamente de uma extensão do campo do conhecível que procede a psicanálise freudiana. Como sublinha François Roustang, "Isto vai muito longe. Para Freud, o discurso consciente, em que a mais alta expressão está no discurso da ciência, é inteiramente impregnado e invadido pelos mecanismos inconscientes".[12] Em contrapartida, esta extensão não é sem limite ou sem método. A descoberta freudiana consiste em sustentar a hipótese do psiquismo inconsciente que determina o indivíduo até no seu pensamento consciente e a de uma consistência às formações ou produções que constituem a realidade de sua vida psíquica e de seus atos. A diferença entre a psicanálise e a psicologia é então o fato de que a ciência freudiana

---

11 "Temos o direito de responder que a assimilação convencional do psíquico e do consciente não é de forma alguma utilizável." *Ibid.*, p. 68.

12 F. Roustang, *Un destin si funeste*, Paris, Payot, 1976, p. 110.

não se interessa prioritariamente pela consciência cuja integridade ela indiretamente mina.

Os distúrbios do espírito não resultam, segundo sua hipótese, da psique consciente. Eles estão ligados a uma causa ou a um princípio que escapa à consciência e que, entretanto, a determina. A psicanálise busca demonstrar a existência de um sistema inconsciente que resulta nos estados e nos mecanismos psíquicos conscientes estudados pela psicologia. Sem buscar explicitamente englobar a psicologia na ciência psicanalítica em nascimento, a psicanálise, em razão de sua hipótese estrutural, se não priva a psicologia de seu objeto – o estudo dos mecanismos conscientes –, limita de fato seu campo de aplicação e a potência de suas explicações. A primeira tópica freudiana reduz assim a consciência a uma ilha no mapa da psique.

A hipótese

Devemos voltar à fórmula da hipótese do inconsciente tal qual ela é enunciada no artigo "O inconsciente" (1915), tirado do que deveria constituir o projeto de metapsicologia finalmente abandonado, para compreender a razão pela qual o inconsciente é apresentado sob a forma de uma hipótese.

> *Contestam-nos de todos os lados o direito de admitir um psíquico inconsciente e de trabalhar cientificamente com esta hipótese. Podemos responder a isso que a hipótese do inconsciente é* necessária e legítima, *e que nós possuímos múltiplas provas da existência do inconsciente. Ela é necessária porque os dados da consciência são extremamente lacunares tanto no homem são quanto no homem doente em que se produzem frequentemente*

> *atos psíquicos, que, para serem explicados, pressupõem outros atos que, eles próprios, não se beneficiam da prova da consciência.*[13]

Freud não ignora que a ciência analítica apresenta uma anomalia em vista das outras ciências experimentais ao se basear em um princípio que não pode ser considerado como uma causa, não tendo uma natureza fenomenal. Como o neurologista que ele era, havia praticado a dissecção do cérebro, e como o analista que ele se tornou, cedeu à evidência da impossibilidade em fundar sua descoberta sob uma base orgânica. Neste aspecto, dois tópicos sucessivos que ele propôs têm apenas uma função heurística: as instâncias e as forças que elas representam não têm nem substância, nem localização somática. Por outro lado, Freud insiste na não coincidência entre formações psíquicas e elementos orgânicos. Para justificar o princípio de não lugar do inconsciente, ele usa um argumento de tipo dinâmico para caracterizar a natureza do traço mnésico:

> *Podemos evitar um possível abuso desse modo de apresentação se lembrarmos que representações, pensamentos, formações psíquicas em geral não devem jamais ser localizados em elementos orgânicos do sistema nervoso, e sim, digamos, entre eles, onde resistências e vias facilitadas formam seus correlatos.*[14]

As formações psíquicas entendidas como facilitações não são unidades compostas e localizáveis anatomicamente pelo fato de que a natureza delas é essencialmente intersticial e que elas se enquadram na estrutura do "entre".

---

13 S. Freud, *Metapsicologia*, *OCF* 12, São Paulo, Companhia das Letras, 2010, p. 77.

14 S. Freud, *Interpretação dos sonhos*, *OCF* 4, 2019, p. 606.

Antes de examinar mais anteriormente a razão da escolha freudiana da hipótese, consideremos uma das primeiras ocorrências desse termo na obra. Ela se encontra na discussão do primeiro caso clínico nunca apresentado por Freud, o da Sra. Emmy von N.:

> *Talvez possa lembrar aqui um pequeno trabalho no qual tentei dar uma explicação psicológica das paralisias histéricas. Ali, cheguei à suposição de que a causa dessas paralisias residiria na inacessibilidade de um círculo de ideias – por exemplo, relativo a uma extremidade – a novas associações. Esta inacessibilidade associativa, por sua vez, proviria de que a ideia do membro paralisado está incluída na lembrança do trauma, carregada de afeto não tratado.*[15]

Freud formula aqui uma hipótese que será retomada e estendida em *A interpretação dos sonhos* (1900) e o caso "Dora" (1905) e por meio da qual ele sustenta que o sintoma histérico procede do recalque. A ideia ou as ideias inacessíveis se traduzem por uma manifestação sintomática cuja causa não é se investigar a partir de um disfuncionamento orgânico, mas a partir do que ele designa como uma "inacessibilidade associativa". Esta definição do inconsciente, que não carrega nem mesmo seu nome ainda, e por mais rudimentar e limitada que esteja ela, nesse estado muito precoce de sua formulação, é próxima da versão que Freud conservará ao longo de toda a sua carreira. A hipótese avançada aqui como simples hipótese de trabalho – solicitada a ser confirmada ou infirmada – será mantida e alterada sob forma de hipótese que eu qualificaria de princípio.

---

15 S. Freud, *Estudos sobre a histeria*, *OCF* 2, São Paulo, Companhia das Letras, 2016, p. 90. Grifo meu.

Freud vai se ater ao inconsciente como hipótese, ainda que ele tenha adquirido uma experiência clínica significativa e que mantenha provas irrevocáveis de sua descoberta. A ligação entre um estado factualmente somático e uma causa referente a uma ordem que Freud descreve como uma "inacessibilidade associativa" continuará marcada pelo selo da hipótese. O espinhoso problema sobre o qual se funda a ciência analítica nascente vem de que "Não é fácil deduzir teoricamente a possibilidade da repressão".[16]

Como Freud faz questão de fundar a psicanálise como ciência, ele pode apenas supor o princípio de um elo entre estes atos psíquicos e um princípio explicativo e unificador da psique, somente por inferência. Se o inconsciente não é um objeto de experiência direta, suas formações e seus efeitos compõem, em contrapartida, uma legião que atesta não sua existência, mas sua necessidade lógica.

A ciência analítica apresenta sua particularidade, se não a anomalia ao menos aparente, de se apoiar em uma causa que tem a forma de uma hipótese. A razão desta escolha freudiana é a de que o inconsciente tem uma função específica: ele é explicativo e exploratório, sua demonstração se faz por padrão, no padrão do "testemunho da consciência". A prova do inconsciente é uma prova lógica e não experimental, obtida por inferência. O inconsciente nunca é colocado por Freud como fenômeno – como tal não há existência –, mas como condição de possibilidade de fenômenos qualificados de "psíquicos".

A exigência transcendental

O que Freud quer a todo custo evitar é que o inconsciente se confunda ao *noumenon*, ou seja, ao registro do desconhecido da coisa em si, tal como definida por Emmanuel Kant. A tese de um inconsciente

16 S. Freud, "A repressão", *Metapsicologia*, *OCF* 12, São Paulo, Companhia das Letras, 2010, p. 62.

numenal constituiria uma dificuldade intransponível para a psicanálise e privaria o psicanalista de toda possibilidade científica de relacioná-los. É a razão pela qual Freud procura por todos os meios negociar um *status* epistemológico particular para o inconsciente lhe garantir uma legitimidade epistemológica própria, ainda que paradoxal. A hipótese do inconsciente tal como elaborada por Freud se apoia *in fine* sobre a filosofia kantiana que ocupa o lugar de barreira de proteção e de ideal, ainda que ela coloque em crise o sujeito transcendental.

Em suas lembranças de Freud, o psiquiatra Ludwig Binswanger confirma a natureza hipotética do inconsciente freudiano e a relaciona com a distinção kantiana:

> *Como autêntico explorador da natureza, Freud não diz nada sobre a natureza do inconsciente, precisamente porque nós não sabemos de nada ao certo sobre isto; tudo o que sabemos, deduzimos a partir do consciente. Ele estimava que, assim como Kant postulava por detrás do fenômeno da coisa em si, assim ele postulava por detrás do consciente, que é acessível a nossa experiência, o inconsciente, que não pode nunca ser o objeto de uma experiência direta.*[17]

Binswanger se lembra até do dia em que Freud o interpelou precisamente sobre a relação entre "coisa em si" e "inconsciente". "Freud me pergunta se 'a coisa em si' de Kant não era o que ele entendia, Freud, por 'inconsciente'."[18] Esta confirmação biográfica indireta é preciosa porque ela prova o quanto Freud não desconhecia o problema epistemológico que representava sua ideia *princeps*. Nos seus escritos, o psicanalista toma muito cuidado em silenciar tais

17 L. Binswanger, *Discours, parcours, et Freud*, Paris, Gallimard, 1970, p. 275.
18 *Ibid.*, p. 276.

tipos de preocupações, mantendo-se deliberadamente, em relação à filosofia, em uma atitude que Jacques Derrida justamente qualificou de "evitamento",[19] por vezes chegando ao limite da negação, ainda que de forma estratégica. Isto obviamente não o impediu de pensar com e contra a exigência transcendental kantiana.

Freud tinha consciência da exigência epistemológica que seria preciso satisfazer se ele pretendia fundar a psicanálise como ciência: ultrapassar o que aparentava ser um impasse – a tese de um inconsciente não fenomenal – e elaborar um *status* que, sem isentar o direito comum dos fenômenos, levou em conta a especificidade de sua descoberta. Compreendemos o quanto a corda estava bamba para o inventor da psicanálise. No artigo de sua metapsicologia intitulada "O inconsciente", ele menciona explicitamente o nome Kant, cuja presença espectral é presente em todo o texto.

> *A suposição psicanalítica da atividade anímica inconsciente nos parece, por um lado, um desenvolvimento ulterior do animismo primitivo, que em tudo nos fazia ver imagens fiéis de nossa consciência, e por outro lado o prosseguimento da retificação, empreendida por Kant, de nosso modo de conceber a percepção externa. Assim como Kant nos alertou para não ignorar o condicionamento subjetivo de nossa percepção e não tomá-la como idêntica ao percebido incognoscível, a psicanálise adverte para não se colocar a percepção pela consciência no lugar do processo psíquico inconsciente, que é o objeto desta percepção.*[20]

---

19 J. Derrida, *La Carte postale. De Socrate à Freud et au-delà*, Paris, Flammarion, 1980, p. 281.

20 S. Freud, *Metapsicologia*, *OCF* 12, São Paulo, Companhia das Letras, 2010, p. 80.

É pela analogia com a estética transcendental kantiana que o inconsciente freudiano encontra, se não sua legitimação máxima, ao menos sua justificação teórica. Descartando de antemão a objeção da coisa em si que condenaria a psicanálise a se tratar de uma questão de fé e que não a qualificaria como ciência, Freud toma autoridade do sujeito transcendental para justificar a hipótese de uma determinação inconsciente. A convocação explícita da estética transcendental kantiana, por mais estratégica que seja, é decisiva porque ela testemunha premissas e pré-requisitos da epistemologia freudiana.

Trata-se, para o psicanalista, de nada menos que situar sua teoria sob o alto patronato kantiano e retirar a garantia científica que dela deriva. Assim como Kant sustenta na primeira parte da *Crítica da razão pura* o princípio de um quadro *a priori* que determina a forma de nossas intuições, Freud também coloca um processo psíquico que informa e condiciona nossas percepções conscientes. Sem ir até o ponto de sustentar explicitamente a tese de um inconsciente puro (ou seja, de um inconsciente *a priori* e que não se mistura com a experiência) comparável à intuição do mesmo nome, Freud começa por defender a ideia de uma psique inconsciente como forma. O capítulo VII de *A interpretação dos sonhos* insiste na natureza desconhecível do inconsciente em uma comparação que prefigura a analogia com a estética transcendental kantiana:

> *Na psicanálise só nos resta declarar os processos anímicos em si como inconscientes e comparar sua percepção pela consciência à percepção do mundo externo pelos órgãos dos sentidos.*[21]

---

21 S. Freud, *Interpretação dos sonhos*, *OCF* 4, São Paulo, Companhia das Letras, 2019, p. 80.

É sobre um argumento e uma analogia de tipo filosófico – que não são alheios à crítica cartesiana dos sentidos enganosos da primeira *Meditação metafísica*[22] – que se baseia uma das definições históricas do inconsciente. Por mais que o inconsciente não possa ser conhecido pela experiência, ele se justifica plenamente: "Um ganho em sentido e coerência é motivo plenamente justificado para irmos além da experiência imediata".[23] A negociação epistemológica da psicanálise freudiana se apoia inteiramente em uma preposição – "além", *jenseits* em alemão – que ocupa um lugar particular em seu vocabulário e assunto sobre o qual eu voltarei. O inconsciente nunca foi concebido como um "objeto real", mas descrito desde *A interpretação dos sonhos* como originando uma forma. O inconsciente não sendo um objeto de intuição sensível, sua experiência não é propriamente dita impossível. Ele é concebido como a condição de possibilidade das representações psíquicas conscientes e inconscientes. Não há nada aqui que choque o entendimento kantiano: as formas *a priori* da sensibilidade que são tempo e espaço também não são diretamente conhecidas.

Apesar das provas que ele afirma deter, Freud recusa apoiar o inconsciente como tese. As razões do que se sobressai em uma extrema prudência metodológica devem ser examinadas ainda antes. É de fato por meio de duas asserções sucessivas e aparentemente contraditórias que se abre a seção "Justificação do inconsciente": "Se além disso pudermos edificar, sobre a hipótese do inconsciente, uma prática bem-sucedida, mediante a qual influímos no curso dos processos conscientes, teremos neste sucesso uma prova indiscutível da existência daquilo suposto".[24] Por que então não concluir? Freud acredita proceder com todo o rigor. Uma vez que a hipótese foi colocada, ele não se apressa em declarar a validade adquirida sobre o fundamento das provas que ele julga, entretanto, incontestáveis.

---

22 R. Descartes, *Méditations métaphysiques*, Paris, Nathan, 1983, p. 42.

23 S. Freud, *Metapsicologia*, *OCF* 12, São Paulo, Companhia das Letras, 2010, p. 77.

24 *Ibid.*, p. 77.

Por que prorrogar o inconsciente no seu estatuto de hipótese além do tempo de espera necessário para a demonstração ordinária?

Se Freud se preserva de converter a hipótese em tese, é porque ela não se refere a uma simples hipótese lógica – seguida de uma demonstração e de uma conclusão –, nem mesmo a uma hipótese de tipo hipotético-dedutiva como as que encontramos nas ciências experimentais, mas a um tipo de hipótese que eu qualificaria de teórico-clínica. O regime da prova do inconsciente é colocado por Freud como experimental, cumulativo e retrospectivo, o que equivale a protelar *sine die* sua validação:

> *Se além disso pudermos edificar, sobre a hipótese do inconsciente, uma prática bem-sucedida, mediante a qual influímos no curso dos processos conscientes, teremos neste sucesso uma prova indiscutível da existência daquilo suposto. Então será preciso adotar o ponto de vista de que é uma pretensão insustentável exigir que tudo o que sucede na psique teria de se tornar conhecido também para a consciência.*[25]

O que isso significa? Que a possibilidade de prova da hipótese do inconsciente é mais precária do que o esperado, que concomitantemente parece que o *status* de hipótese é o mais apropriado para perseguir tanto o trabalho clínico quanto teórico da psicanálise. Não que Freud não tenha provas clínicas detalhadas de sua descoberta que detalha principalmente em seus estudos de caso, mas, como o inconsciente não é um objeto de experiência, é praticamente impossível concluir: o inconsciente não é nada, a rigor, se não a condição de possibilidade de explicação de fenômenos que de outra maneira permaneceriam inexplicáveis.

---

25 *Ibid.*

O *status* e a função da hipótese como implementada pela ciência analítica não é, entretanto, única em seu gênero. Outras ciências contemporâneas com a descoberta freudiana utilizaram um dispositivo comparável combinando o conhecimento empírico com princípios teóricos. O matemático e físico Henri Poincaré dedicou um livro inteiro ao lugar das hipóteses na ciência em 1902. Sobre o tema da mecânica, uma ciência derivada da física, ele articulou a relação entre experiência e "postulados":

> *Os princípios da mecânica se apresentam assim sob dois aspectos diferentes. Por um lado, são verdades fundadas na experiência e verificadas de forma muito aproximada em relação a sistemas quase isolados. Por outro lado, eles são postulados aplicáveis ao universo como um todo e considerados como rigorosamente verdadeiros. Se estes postulados possuem uma generalidade e uma certeza que faltavam nas verdades experimentais das quais se derivam, é porque são reduzidos, em última análise, a uma simples convenção que temos o direito de fazer, porque estamos certos de antemão de que nenhum experimento o contradirá. Esta convenção não é, no entanto, absolutamente arbitrária; ela não emerge de nosso capricho; nós a adotamos porque certas experiências nos mostraram que ela seria conveniente.*[26]

O raciocínio do físico lembra a dupla abordagem paralela de Freud: por um lado, "verdades baseadas na experiência" e, por outro, postulados que têm a notável singularidade pecaminosa de possuir "uma certeza que faltava nas verdades experimentais das

26 H. Poincaré, *La Science et l'Hypothèse*, Paris, Flammarion, 1969, p. 162-163.

quais elas derivam". A clínica psicanalítica aponta um princípio cuja veracidade é necessária sem poder ser comprovada empiricamente. O que Poincaré chama de "certeza" é o grande tema da ciência freudiana: em seu trabalho clínico e teórico, Freud não deixou de procurar estabelecer a validade de tal certeza para aumentar o grau de credibilidade da hipótese. Assim como o físico, ele avança numa dupla frente: a das verdades ou provas clínicas – experimentais – que estão presentes em número, e a da hipótese – o princípio – que tem a natureza de uma convenção e sobretudo não a forma de um dogma. Mas não há nada de arbitrário na convenção que é o próprio inconsciente: "ele não sai de nosso capricho". Não se destina a ser convertida em tese, mas pode ser revisada se necessário. A extrema prudência heurística de Freud não é incompatível com a concepção modificável da ciência defendida por Poincaré:

> *Papel da hipótese. – Toda generalização é uma hipótese; a hipótese tem, portanto, um papel necessário que ninguém nunca contestou. Entretanto, deve ser sempre submetida à verificação o mais rápido possível e com a maior frequência possível. É evidente que se ela não suporta este teste, devemos abandoná-la sem hesitar. Isto é o que se faz em geral, mas às vezes com certo mau humor. Bem, este mau humor não se justifica; o físico que acaba de desistir de uma de suas hipóteses deveria, ao contrário, estar cheio de alegria, pois ele acaba de encontrar uma oportunidade inesperada de descoberta. [...] Se a verificação não é feita, é porque há algo inesperado, algo extraordinário; é porque vamos encontrar algo desconhecido e novo.*[27]

27 *Ibid.*, p. 178-179.

Assim como o físico zangado, o psicanalista não vislumbra a felicidade em considerar sua refutação, mas por definição deve ter cuidado para não excluir a possibilidade de que ela ocorra. O inconsciente é um sistema cujo postulado permite o conhecimento de novos fenômenos: não é uma verdade da fé, nem mesmo uma verdade da experiência. Ele tem a natureza de uma modelização fundadora que nos permite explicar as relações entre supostas causas e efeitos perceptíveis.

Compromisso epistemológico

A hipótese do inconsciente, no entanto, é – nisto reside a reviravolta de força freudiana – tudo menos sinônimo de hipotética. Como Freud, Poincaré afirma a necessidade da convenção sobre a qual a ciência se baseia: "absolutamente não arbitrária". A hipótese permite a Freud tornar inteligível um regime de experiência – o dos fenômenos psíquicos – que foi trazido à luz e que se tornou explicável. Sua natureza de convenção se deve a sua demonstração indireta: é um princípio inferido, e não uma causa de natureza fenomenal. A hipótese do inconsciente serve a Freud como um cavalo de Troia para entrar numa fortaleza fingindo estacionar em sua porta. O que está além deste recinto que Freud acredita forçar, se não por truques, ao menos pelo método? O império do conhecimento ao qual Freud aspira como um ideal; um ideal ao qual ele pretende ter acesso pelo "caminho seguro da ciência",[28] como Kant o nomeia. Se a psicanálise não fosse cientificamente fundada, nada em seu conhecimento ou em sua prática a separaria fundamentalmente da crença, nem da religião. A hipótese do inconsciente é o princípio com o qual o psicanalista deve trabalhar – o princípio, e não o conceito, o que, do ponto de vista clínico, muda consideravelmente a situação e a

28 E. Kant, "Préface à la seconde édition", *Critique de la raison pure*, Paris, Garnier-Flammarion, 1987, p. 39.

natureza da prática: a interpretação é e permanece, por definição, uma suposição e não pertence a um regime de verdade, no máximo, de verificação. A hipótese do inconsciente é um compromisso epistemológico que reserva a delicada questão da prova e garante à psicanálise um alicerce científico.

Na medida em que funda uma nova ciência, a psicanálise estende os limites do conhecimento aos atos psíquicos; como ciência de ascendência kantiana, sabe que seu conhecimento se limita aos únicos objetos da experiência. Nesta dupla restrição, neste *double bind*, reside a dificuldade de uma ciência do inconsciente que, em seu título, sobressalta a aliança das palavras. Por meio de seu húbris que contrabalança o *status* de hipótese, o inconsciente consiste em empurrar para trás os limites do conhecimento a fim de vivenciá-los segundo a natureza espiritual e da causa dos fenômenos psíquicos. A hipótese do inconsciente é paradoxal a este respeito: por um lado, estende o campo do conhecimento aos fenômenos psíquicos; por outro, limita as fronteiras do conhecimento lembrando-nos de que nada lá está sujeito à experiência direta. A retórica freudiana – por ambos os aspectos – é uma dialética sutil que procura se manter unida em condições praticamente incompatíveis. Freud chega ao ponto de argumentar que o excesso consistiria, ao contrário, em resistir à hipótese da psique inconsciente: "Então será preciso adotar o ponto de vista de que é uma pretensão insustentável exigir que tudo o que sucede na psique teria de se tornar conhecido também para a consciência".[29] A audácia da abordagem é parcialmente contrabalançada pela cautela heurística que sela o *status* de hipótese. A hipótese do inconsciente torna possível mover insensivelmente o conhecimento do psíquico de uma lógica de inferência que autoriza a psicanálise a ser qualificada como uma ciência. O *status* de hipótese valida a psicanálise suspendendo a positividade de seu saber. A esse

29 S. Freud, *Metapsicologia*, *OCF* 12, São Paulo, Companhia das Letras, 2010, p. 76.

respeito, a psicanálise freudiana poupa certas representações de seu próprio limite. É o caso do umbigo do sonho, que pode servir de paradigma do ponto de contato para além do qual se estende o reinado da coisa-em-si: esta metáfora coloca em instância o limite com o incognoscível e inominável: "Cada sonho tem pelo menos um ponto em que ele é insondável, um umbigo, por assim dizer, com o qual ele se vincula ao desconhecido".[30] Este lugar está supostamente em contato com o inconsciente entendido como desconhecido: não apenas *unbewusst* – desconhecido como resultado do recalque –, mas *unerkannt* – desconhecido absoluto.

Se a psicanálise deve se abster de conjecturar sobre o que não pode ser conhecido, também deve redefinir o território do conhecido e circunscrever este ponto do desconhecido. A ciência freudiana está preocupada com um além que só pode ser postulado sem poder ser apoiado ou articulado no modo de um conhecimento positivo.

No entanto, é crucial para Freud estabelecer pelo viés da hipótese que, se a prova do inconsciente não pode ser realizada experimentalmente, seu princípio é uma questão de compreensão e não quimeras da teoria das mentes nem mesmo das ideias legítimas, mas não verificáveis da Razão kantiana. A psicanálise afirma ser a herdeira da filosofia do Iluminismo, cujo desafio assume explicitamente se referindo a Kant.

A hipótese do inconsciente pode assim ser explicada pela busca de um compromisso epistemológico, como um ato propedêutico que atesta uma filiação filosófica claramente identificada, embora tácita e à qual Freud não quer nem pode renunciar: "A hipótese do inconsciente é também inteiramente legítima, na medida em que, ao adotá-la, não nos afastamos um passo da maneira de pensar que para nós é habitual e tida como correta".[31] Ao mesmo tempo, e este

---

30 S. Freud, *A interpretação dos sonhos*, *OCF* 4, São Paulo, Companhia das Letras, 2019, p. 147.

31 S. Freud, *Metapsicologia*, *OCF* 12, São Paulo, Companhia das Letras, 2010, p. 78.

é o paradoxo do gesto freudiano, o que a hipótese do inconsciente faz sob o pretexto de uma concessão à compreensão entendida no sentido kantiano é uma extensão dos limites do campo do conhecimento – uma extensão que não passa sem fazer o efeito de uma transgressão. A hipótese do inconsciente procura encaixar-se em uma lógica que eu não hesitaria em descrever como transcendental, enquadrada estritamente no perímetro da compreensão e não da Razão, do saber e não da fé, proporcionando um conhecimento mediado de fenômenos de outra forma inexplicáveis. Deste ponto de vista, a psicanálise freudiana assume o risco do que Kant definiu como a extensão do conhecimento, um risco que explica em parte o recurso compensatório à forma da hipótese. Freud chama a atenção para o fato de que os fenômenos com os quais ele lida – atos falhos, lapsos, sonhos, esquecimento – não são novos, mas desconhecidos: "a maioria dos fenômenos considerados não foi objeto de estudo fora da psicanálise".[32]

Freud flerta *nolens volens* com os limites da metafísica quando empurra as fronteiras do conhecido para as condições de formação do psiquismo. O inconsciente, na medida em que é colocado como hipótese, procura por todos os meios escapar do *status* de ficção. O termo "ficção" (*Fiktion*) tem uma conotação pejorativa nos escritos de Freud sempre que ela é suscetível de ser relacionada com a psicanálise. Para Freud, não se trata de introduzir o que Kant chama de "novas relações fundamentais"[33] na forma em que a causa se relaciona com o efeito. Ele não questiona o esquematismo, o fundamento de toda a ciência moderna: a derrogação que ele procura fazer introduzindo a hipótese não diz respeito à causalidade, mas à necessidade de um princípio que não pode ser objeto de uma experiência. A distinção avançada por Joël Dor entre "explicação

32 *Ibid.*, p. 69.

33 E. Kant, *Rêves d'un visionnaire*, Paris, Vrin, 1977 [1766], p. 116.

causal" e "explicação estrutural"[34] é útil para pensar sobre a forma da limitação que Freud elabora. Por meio do *status* de hipótese, o primeiro analista tenta conformar sua ciência com a exigência transcendental kantiana. A "hipótese psicanalítica da atividade psíquica" não é, como ele argumenta, diferente da hipótese da consciência dos outros:

> *A consciência proporciona a cada um de nós apenas o conhecimento dos próprios estados d'alma; que um outro ser humano tenha consciência é uma conclusão que se tira* per analogiam, *com base nas manifestações e nos atos que percebemos desse outro, para nos tornar compreensível o seu comportamento. Ora, a psicanálise exige apenas que esse método de inferência se volte também para a própria pessoa – algo para o qual não existe, claro, uma tendência constitucional. Assim fazendo, será preciso dizer que todos os atos e manifestações que em mim percebo, e que não sei ligar ao restante de minha vida psíquica, têm de ser julgados* como se pertencessem a uma outra pessoa, *e devem achar esclarecimento por uma vida anímica que se atribua a esta pessoa.*[35]

Para demonstrar o inconsciente como um processo, Freud retomou em 1915, em "O inconsciente", a tese do animismo do homem selvagem – um animismo cujo equivalente encontrou na psique da criança pequena – que havia desenvolvido em *Totem e tabu* em 1913: para compreender a alteridade radical que ela implica, é necessário relacionar os atos psíquicos inexplicáveis pela consciência com uma parte fechada do sujeito para agir "como se" esses atos tivessem sido

34 J. Dor, *L'A-scientificité de la psychanalyse*, t. 2, Paris, Éditions universitaires, 1988, p. 140.

35 S. Freud, *Metapsicologia*, *OCF* 12, São Paulo, Companhia das Letras, 2010, pp. 79-80. Grifo meu.

perpetrados por um terceiro. Os desvios via animismo são estratégicos: a representação da psique inconsciente do sujeito é análoga à representação da psique dos outros; ela supõe um gesto idêntico: "emprestamos sem reflexão especial de qualquer outro ser fora de nós mesmos nossa própria constituição". Este gesto implica uma transferência e um crédito de um tipo singular. Como o inconsciente não é um objeto de experiência, ele nos obriga a passar pelos desvios do "como se", por meio do que Freud chama de analogia, identificação ou inferência. A operação do "como se" inaugura uma ordem que não diz seu nome, mas permite a representação ou, na falta desta, a elaboração na ausência do apoio da experiência. Ficção é o nome genérico que convém dar a esses deslocamentos.

A ligação entre causa inconsciente e efeito consciente é complicada pela presença no sistema *Ics* de forças de interferência, distorção e bloqueio (resistência, desfiguração, deslocamento etc.) que deliberadamente visam perturbar a descoberta da relação. Este é o significado da divisão inaugural (*Spaltung*) que define a psique como um poder de interrupção, de descontinuidade, de não coincidência. A psique inconsciente se baseia no processo de repressão, que impede que se faça prova a não ser ao preço de um salto, de uma substituição, de uma inferência: "Assim fazendo, será preciso dizer que todos os atos e manifestações que em mim percebo, e que não sei ligar ao restante de minha vida psíquica, têm de ser julgados como se pertencessem a uma outra pessoa, e devem achar esclarecimento por uma vida anímica que se atribua a esta pessoa".[36] A impossibilidade de ligação é a própria forma da vida psíquica marcada pelo selo do inconsciente: "como se pertencessem a outra pessoa". As noções de identidade e reconhecimento individual são em grande parte perturbadas e prejudicadas.

36 *Ibid.*, p. 79.

A interpretação psicanalítica, longe de ser uma simples decifração, consiste em estabelecer um elo, construir uma ponte:

> *O médico precisa se reservar o direito de, mediante um processo de inferência, avançar do efeito consciente ao processo psíquico inconsciente; assim ele vem a saber que o efeito consciente é apenas um distante efeito psíquico do processo inconsciente, e que este não se tornou consciente como tal e, além disso, estava presente e atuante sem se revelar de algum modo à consciência.*[37]

O problema da prova

Em 1933, em "Sonhos e ocultismo", Freud voltou ao problema da hipótese e lembrou que, contra a tradição ocultista, a psicanálise tinha feito da interpretação dos sonhos um objeto de investigação científica. Ele justifica o rigor de sua abordagem apesar de se tratar de fenômenos com contornos e assuntos mal definidos e de difícil acesso. Ele então imagina a seguinte comparação: "Digamos que o problema seja o da constituição do interior da Terra. Como é notório, não há conhecimentos seguros sobre isso".[38] O exemplo não é escolhido ao acaso: quem quer fundar a psicanálise como ciência pretende colocar sua descoberta em pé de igualdade com as ciências naturais. O funcionamento da psique não é menos obscuro do que a estrutura interna da Terra. Freud revê sucessivamente duas hipóteses. A primeira, que ele descreve como "improvável", mas não "impensável": "Então aparece alguém afirmando que o interior

---

37 S. Freud, *A interpretação dos sonhos*, *OCF* 4, São Paulo, Companhia das Letras, 2019, p. 607.

38 S. Freud, *Novas conferências introdutórias da psicanálise*, *OCF* 18, São Paulo, Companhia das Letras, 2010, p. 118.

da Terra é água saturada de ácido carbônico, ou seja, uma espécie de soda".[39] A resposta que tal hipótese suscita legitimamente é a que ele exige de seus leitores: "se alguém nos apontar um caminho para testar a hipótese da soda, nós o seguiremos sem resistência".[40] A segunda hipótese é mais rebuscada e, portanto, será recebida de uma forma diferente: "Mas então surge outra pessoa que afirma, seriamente, que o âmago da Terra se compõe de marmelada!".[41] A demonstração pelo absurdo tem um propósito preciso: distinguir entre uma hipótese surpreendente, até mesmo implausível, que merece exame e uma hipótese sem sentido que não justifica tal suspensão de julgamento. Freud está obviamente puxando brasa para a sua sardinha:

> *Notamos que os juízos preconcebidos nem sempre são condenáveis, que às vezes são justificados, servindo para nos poupar trabalho inútil. São simplesmente conclusões por analogia com outros juízos, esses bem fundamentados.*[42]

A ciência analítica, por mais nova que seja nas relações que traz à luz entre os fenômenos, é tudo menos uma ciência do oculto.

Freud apelou para a história das ciências para "advertir contra uma condenação precipitada":[43]

> *Por muito tempo considerou-se uma hipótese absurda que as pedras atualmente chamadas meteoritos tivessem*

39 *Ibid.*

40 *Ibid.*

41 *Ibid.*

42 *Ibid.*

43 *Ibid.*, p. 119.

> *alcançado a Terra a partir do espaço, ou que rochas das montanhas que contêm restos de moluscos tivessem um dia constituído o leito do mar. Aliás, também não foi muito diferente com a psicanálise, quando ela apareceu com a inferência do inconsciente.*[44]

Freud apoia o inconsciente como uma hipótese arqueológica – baseada no princípio da amnésia infantil – comparável às hipóteses da geologia que explicam a estrutura e a evolução da Terra. As conexões entre traços de memória e fenômenos psíquicos estabelecidos pela psicanálise podem parecer tão assombrosas que requerem tempo para a aclimatação e justificação científica. A falta de provas não deve constituir um obstáculo redibitório: a plausibilidade de uma hipótese não constitui por si só um critério suficiente de cientificidade.

A hipótese do inconsciente é obtida por inferência, e não por dedução, por analogia e identificação. Se Paul Ricœur reconhece a exigência científica que motivou Freud desde o início, ele observa a dificuldade em que a psicanálise se encontrava desde o início para fornecer provas científicas do que ela estava avançando:

> *A questão da prova em psicanálise é tão antiga quanto a própria psicanálise. Mesmo antes de ser um pedido dirigido à psicanálise pelos epistemólogos, é uma exigência interna da própria psicanálise. O "Projeto" de 1895 se apresenta como um projeto de psicologia científica. A interpretação dos sonhos afirma ser uma ciência, e não uma construção fantástica, um "belo conto de fadas", para citar o comentário de Krafft-Ebing, lançado à cabeça de*

44 *Ibid.*

> *Freud no final de uma palestra pública. [...] E, no entanto, a psicanálise nunca conseguiu mostrar plenamente como suas afirmações são justificadas, como suas interpretações são autenticadas, como sua teoria é verificada.*[45]

Este defeito congênito de prova se deve, segundo o filósofo, a um duplo problema: o do *status* do fato na psicanálise e da relação que ela inaugura entre teoria e prática. O duplo problema levantado por Ricœur pode ser reduzido a um único problema, o da transferência, na medida em que este fenômeno, descoberto muito cedo por Freud em sua prática catártica e teorizado a partir do caso "Dora", combina estes dois aspectos em um só. Um fato ou – para chamá-lo por um nome mais freudiano – um ato psíquico não é interpretável em si mesmo fora da relação de transferência que une analista e analisando. Se a transferência não se trata do irracional[46] como Roustang a defende, ela complica de forma singular a natureza do acontecimento psíquico, sempre preso nas garras de um endereçamento a um outro indeterminado.

A transferência, um fenômeno ligado à hipótese do inconsciente, não é um dispositivo taumatúrgico: a repetição da qual procede é o resultado de uma lógica estrita cuja operatividade e necessidade Freud demonstra.

A clínica pode tomar o lugar das provas suficientes? Longe de validar a teoria, cada novo tratamento, na verdade, a enfraquece e começa por suspendê-la. A relação entre teoria e prática em psicanálise não é aplicativa, nem mesmo preditiva. Nenhuma "teoria

---

45 Ricœur, "La psychanalyse confrontée à l'épistémologie", *Psychiatrie française*, n° especial "Entre théorie et pratique – Fonctions de la pensée théorique", maio 1986, p. 11-23.

46 F. Roustang, *Un destin si funeste*, *op. cit.*, p. 109.

prévia"[47] precede o caso. A teoria não é aplicada nem confirmada na clínica: ela é experimentada – no sentido mais forte do termo – e não sai ilesa. Não é um eufemismo dizer que a teoria analítica está presa a um movimento de incessante e inquieto devir e de uma tensão irredutível e não resolvida com a clínica. A referência aos trabalhos canônicos de analistas ilustres não pode esconder a heterogeneidade e a instabilidade fundamentais que caracterizam a psicanálise como uma teoria. Com cada novo tratamento, a relação com a teoria é suspensa e deve ser renegociada. Roustang aponta com razão: "A perda da teoria não é um jogo, ela é imposta ao analista pela cegueira causada pela declaração do analisando".[48] Uma consequência é óbvia: "Não há nada a ser feito: o analista está condenado a inventar".[49]

A transmissibilidade – na ausência de provas

Devemos nos resignar ao que Monah Winograd e Marcia Davidovich chamam "idiossincrasia epistêmica freudiana"?[50] Dor defende que a transmissibilidade na história da psicanálise assumiu desde o início o lugar de uma cientificidade inverificável segundo as exigências das ciências exatas em vigor. Em razão da falta de poder exprimir o discurso analítico na linguagem da ciência, seu autor procurou transmitir – e então impor – seu saber como necessário:

> *É de fato dentro da transmissibilidade que, de maneira crucial, são atuados e vivenciados o "estatuto" da teoria*

---

47 *Ibid.*, p. 121.
48 *Ibid.*, p. 122.
49 *Ibid.*, p. 123.
50 M. Winograd e M. Davidovich, "Psychanalyse freudienne et épistémologie, Disputes politiques", *op. cit.*, p. 80.

> *analítica e, com ele, a problemática epistemológica fundamental dentro da qual este se encontrava articulado. A paradoxalidade citada acima tem por efeito essencial descentralizar o problema da validade das elaborações teóricas da psicanálise do lugar de uma cientificidade impossível para o lugar, em contrapartida, de uma transmissibilidade que deve provar seu caráter de necessidade.*[51]

Esta solução freudiana – embora parcialmente tática – não deve nos surpreender muito. A transmissibilidade de uma ciência é de fato parte do procedimento de sua validação: cabe a cada nova geração refazer o caminho lógico das leis e dos axiomas que foram avançados e demonstrados pelas gerações anteriores. Em sua introdução de *A origem da geometria*, de Edmund Husserl, Derrida observa que a "evidência na consciência pessoal do inventor"[52] deve ser considerada como uma "ficção" destinada a explicar a idealidade científica:

> *Na verdade, não há primeiro uma evidência geométrica subjetiva que se tornaria então objetiva. Não há evidência geométrica "até" ser evidência de uma objetividade ideal e isto é tão somente "depois" de ter sido colocado em circulação intersubjetiva.*[53]

O conhecimento em psicanálise é o que Husserl chama de "existência psíquica":

> *A existência geométrica não é a existência psíquica, não é a existência de algo pessoal na esfera pessoal da*

---

51 J. Dor, *L'A-scientificité de la psychanalyse*, *op. cit.*, p. 127.

52 J. Derrida, "Introduction", *in* E. Husserl, *L'Origine de la géométrie*, Paris, PUF, 2014 [1962], p. 54.

53 *Ibid.*

> *consciência, é a existência de um estar-lá, objetivamente, para "todo mundo" (para o verdadeiro e possível geômetro) ou para qualquer pessoa que entenda de geometria.*[54]

Freud não é Thales: sua descoberta, cujo alcance o excede, permanece inseparável de sua pessoa, do evento biográfico e histórico que viu seu nascimento mesmo que não possa ser reduzido a ele. A psicanálise é uma ciência "para todo mundo" cuja existência, no entanto, não depende da modalidade de estar-lá. Uma ciência do inconsciente não pode, como Freud descobriu precocemente, fazer a economia da transferência – começando com a transferência sobre a sua própria pessoa. O conhecimento que ela produz não é objetivo no sentido da idealidade geométrica, mas sempre já na "circulação intersubjetiva" de um tipo muito particular: é o efeito da transmissão interpessoal e assimétrica que ocorre nas curas e de uma tradição intergeneracional desde Freud. A história da teoria analítica é tecida – até mesmo danificada, como Roustang mostrou em seu ensaio *Um destino tão funesto*[55] – com a história das transferências que marcaram seu curso. Ao contrário da geometria, o futuro da psicanálise como ciência é condicionado em parte pelo evento da autoanálise freudiana – que, além do mais, é incompleta – e pelos incalculáveis efeitos transferenciais dessa transmissão inaugural. A teoria psicanalítica visa propor uma ciência do inconsciente enunciável e transmissível por meio da e além da transferência pessoal, para permitir a cada analista refazer o caminho da "cientificação"[56] – usando o neologismo de Roustang – a partir do trabalho freudiano da experiência do inconsciente como um objeto de conhecimento indireto, mas necessário.

---

54 *Ibid.*, p. 54-55.

55 F. Roustang, *Un destin si funeste, op. cit.*

56 *Ibid.*, p. 113.

A prova através do caso

A questão da validação da ciência analítica é o nó górdio da empreitada freudiana. Não provando a validade científica de sua hipótese de forma extrínseca, objetiva e refutável, Freud tenta demonstrar o raciocínio por trás da validade de suas teorias com base na experiência clínica e de casos. O conhecimento analítico, que é o de um sujeito dividido, como nos lembra Dor, é um conhecimento situado e singular cuja universalidade é complicada por suas condições particulares de emergência no endereço ao outro na transferência. Ao contrário das ciências naturais, a psicanálise não é uma ciência preditiva. Ricœur[57] até desafia seu título de ciência da observação.

Deste ponto de vista, ela está mais alinhada com o modelo de racionalidade promovido pela ciência histórica. Como o historiador, o psicanalista fornece uma inteligibilidade retrospectiva sempre parcial e passível de revisão da causa psíquica de um sujeito. Como na história, a psicanálise deve desemaranhar os nós de imputação causal e de implicação. A causalidade envolvida não é comparável com a das ciências naturais, mas, sim, com a da arqueologia. A interpretação – a determinação da relação entre fator e efeito – permanece sempre aberta, refutável, perfectível. Freud, que nunca deixou de emendar o texto de seus casos clínicos a cada nova edição, insistiu no fato de que a interpretação de um sonho nunca era definitiva, mas sempre aberta à revisão. Como Jean-Claude Passeron e Jacques Revel destacaram, a psicanálise é um tipo de saber clínico com base em um tipo particular de racionalidade,

> *uma forma de argumentação irredutível ao modelo hipotético-dedutivo de descrição das operações de inferência*

57 "A experiência analítica se parece muito mais com o entedimento histórico do que com a explicação natural." P. Ricœur, *De l'interprétation: essai sur Freud*, Paris, Le Seuil, 1965, p. 365.

> *e prova que reduziria por definição o caso singular ou o ator individual a uma cópia substituível por qualquer outro, tão logo pudessem ser incluídos em uma mesma categoria genérica.*[58]

O que Philippe Lacour, com base nas análises de Passeron, chama de "racionalidade alternativa"[59] – uma fórmula que Freud provavelmente teria rejeitado, pois ele procurou alinhar a psicanálise com o modelo de uma epistemologia das ciências experimentais – torna possível escapar do duplo impasse da exigência de generalização indutiva ou da necessidade dedutiva.

A racionalidade da prova pelo caso no qual a psicanálise se baseia em grande parte e sobre o qual foi construída desde os *Estudos sobre histeria* até *O homem Moisés e o monoteísmo* é uma "razão do intermediário", "razão mista" ou "vai e vem".[60] O conhecimento clínico do caso, que Passeron considera singular, colocou um problema epistemológico para Freud – outro – que não é negligenciável: a racionalidade da qual procede a psicanálise é de tipo casuístico. Outras ciências humanas ou sociais, como a sociologia que nasceu no mesmo tempo que a psicanálise, seguem uma lógica que não é diferente. No entanto, os modelos de cientificidade não são anedóticos, como Karl Popper observou, e os problemas que ela coloca à história da ciência – assim como a seu fundador – não são, no entanto, impositivos. Roustang não hesita em martelar o ponto de partida, sublinhando a importância da relação psicanalítica entre teoria e experiência:

58 J.-C. Passeron, J. Revel *et al.*, *Penser par cas*, Paris, Éditions de l'EHESS, 2005, p. 37.

59 Ph. Lacour, *La Raison au singulier*, Paris, Presses universitaires de Nanterre, 2020, p. 17.

60 Michel Verret, "Le débat des raisons", *Revue européenne de sciences sociales*, 1996, p. 270, citado por Ph. Lacour, *ibid.*

> *Ou a teoria – mais particularmente a metapsicologia – é um edifício independente da experiência e então não é verificável (este é o caso, entre outros, da perspectiva energética) ou a teoria é extraída da experiência e então é apenas a descrição ou o relato dela, mais ou menos estruturado por uma nova terminologia adequada. Estamos, portanto, em presença ou de ficções que se desenvolvem à margem da situação analítica (por exemplo, a constituição do aparelho psíquico) ou de uma teorização que é sempre o duplo empobrecido de experiência.*[61]

O edifício teórico da psicanálise é constituído a partir de experiências clínicas das quais os tratamentos constituem o local privilegiado de elaboração. As condições de articulação entre o particular e o universal na clínica de casos complicam a construção teórica. Até que ponto os casos de "Dora", "Pequeno Hans", "O Homem-Rato" ou "O Homem-Lobo" são generalizáveis e objetos de conhecimentos clínicos transmissíveis? Isto levanta toda a questão do *status* do caso na psicanálise. Ao contrário de outras ciências empíricas fundamentadas em uma abordagem baseada em casos, o caso psicanalítico não se caracteriza por seu caráter típico ou recorrente. Algumas características do caso têm uma função pedagógica, mas o caso – isto é válido para cada um dos "grandes" casos freudianos – vale primeiramente para e por ele mesmo.

Cada uma das curas totalmente escritas de Freud dá origem a inferências do particular ao geral que contribuem para a formação e consolidação do edifício teórico da psicanálise. O conhecimento incremental do caso é construído em uma oscilação complexa e inexorável entre dois polos aos quais Roustang procura se opor:

61 F. Roustang, "Assez souvent", *Cahiers Confrontation* 1, Paris, Aubier, 1979, p. 91.

na história e na palavra do analista e nos relatos do tratamento que provavelmente serão tratados, teorizados e relacionados ao que Roustang chama de "organizações conceituais já adquiridas", ou então "são a se inventar para o caso".[62]

O caso psicanalítico não é simplesmente uma escola: seu valor não depende da possibilidade de sua generalização, nem é medido pela avaliação de uma verificação. Seu ensino e sua força demonstrativa provêm da singularidade de uma organização psíquica apreendida na transferência (e na contratransferência). O que faz um caso é o entrelaçamento entre o exposto e a exposição, o enunciado e a enunciação, da história da doença e da história do tratamento, mas também entre o analisando e o analista. Neste sentido, a prova do caso é sempre uma prova da transferência, e a prova da transferência, a prova do elemento do indeterminado e da dimensão irredutível do outro. O ensino do caso freudiano deriva de um dispositivo de descrição e de argumentação, da insistência e resistência de seu autor, dos pontos cegos de uma clínica que não pode ser onisciente nem mesmo saliente.

Na experiência do caso, Freud encontra os meios e o limite da evidência de sua descoberta. Por quê? Porque o caso põe à prova o conhecimento da psicanálise de duas maneiras: permite provar a validade das proposições teóricas e a inteligibilidade dos atos psíquicos; está preso aos fios indissociáveis da transferência e da contratransferência que afetam e informam a teoria psicanalítica.

O problema da cientificidade da psicanálise – de uma cientificidade modelada no modelo hipotético-dedutivo das ciências empíricas – reside na impossibilidade de uma observação repetida e objetiva: o que acontece na transferência pode ser objeto de repetição inconsciente, mas não é indiferente aos termos contínuos da relação

62 *Ibid.*, p. 93.

analítica entre um paciente e o que Freud chamou de "a pessoa do médico"[63] e que em muitos aspectos não pode ser substituído.

O caso em psicanálise vale por si só sem ser autotélico: ele insinua uma singularidade que não é simplesmente particular nem imediatamente generalizável. O caso é de contingência feita necessidade: a chance de um encontro entre dois assuntos – dois inconscientes – que, uma vez escritos e publicados, nos obrigam a interrogar novamente certezas clínicas e teóricas com base em seu ensino. Sua singularidade é marcante e disruptiva.

O caso "Dora", em que pela primeira vez em sua história um tratamento é baseado na interpretação de dois sonhos, funda a psicanálise como uma clínica. A singularidade do primeiro caso freudiano não está tão longe da definição de Hegel: é o surgimento do universal a partir do particular.

Os casos "Dora" e "O Homem dos Lobos" vão além das meras histórias de pacientes, mas também envolvem a transferência para Freud e a dificuldade que a psicanálise tem tido – por meio da experiência do analista – para dar conta deles e raciocinar sobre eles. A esse respeito, o paradigma do caso psicanalítico é o do caso único, não o do caso clássico.

Um caso único – ou "caso singular"[64] como sugere Daniel Widlöcher – que é um marco, mas não um simples hápax sem genealogia ou futuro. Se a particularidade do caso não for de direito generalizável, uma problemática singular capaz de esclarecer por analogia ou contiguidade outras situações clínicas e aumentar o conhecimento teórico pode ser identificada. O ensinamento do caso vem de sua lógica intrínseca, do evento da transferência ao qual ele

63 S. Freud, "Análise fragmentária de um caso de histeria", *OCF* 6, São Paulo, Companhia das Letras, 2016, p. 312.

64 D. Widlöcher, "Le cas, au singulier", "Histoire de cas", *Nouvelle Revue de psychanalyse* 42, outono 1990, p. 296.

dá origem. O teste do singular que ele representa é inseparável das categorias de irresolução e de lacuna. A este respeito, o caso em psicanálise está em grande parte sob o signo do fragmento ou do fracasso: isto é notadamente verdadeiro no caso "Dora", com o qual uma série de casos se abre, e o de "O Homem dos Lobos", que a fecha.

A fim de superar o impasse da prova, Freud procura demonstrar a validade de sua invenção testando sua transmissão. Para a psicanálise, a transmissibilidade não se torna um substituto para uma cientificidade não alcançável, mas o critério da cientificidade.

É analisando (a si mesmo) que se torna um analista, transmitindo a psicanálise – clínica e teoria – que se demonstra sua necessidade inescapável. A importância da "tradição" (a palavra freudiana em alemão é *Überlieferung*) da psicanálise desde seu nascimento não é apenas uma necessidade ética, mas também epistemológica: é o gesto de transmissão que Freud realizou interpretando seus próprios sonhos ou analisando seus pacientes, assim como os relatos do tratamento que deixou para trás preservam o traço deste.

Esta abordagem não é em si mesma contraditória com as exigências da ciência, cujos critérios, segundo Karl Popper, não podem ser estabelecidos *a priori*. Os desafios de uma retórica de convicção que Freud desenvolve, e à qual voltarei no Capítulo 3, sobre o tema do tratamento do Homem dos Lobos, vão muito além dos desafios de uma retórica entendida no sentido restrito do termo: é a transmissibilidade – o duplo da cientificidade – da psicanálise que está em jogo no processo de uma escrita das evidências e da argumentação. Ao explicar fenômenos cujos contornos foram tornados perceptíveis, ao transmitir uma prática esclarecida por uma teoria que pode ser revista e refinada em contato com a clínica, Freud prova e testa a necessidade de sua hipótese e assim tenta validar sua teoria. Roustang, de quem Dor também contesta algumas das teses, parece concordar com ele em um ponto crucial: a transmissibilidade da psicanálise está envolvida em um movimento de confirmação que está sempre por vir: isto é o que Roustang chama não a cientificidade da psicanálise, mas o "processo de cientificação"[65] que a caracteriza – processo que consiste em sua descoberta experimental constantemente renovada: "[A] prova da cientificidade da psicanálise está apenas em seu teste".[66] Assim, a teoria analítica é forçada a inventar a fim de produzir os meios de sua prova. A psicanálise é a invenção do inconsciente no duplo sentido retórico do termo: sua descoberta inesperada e a arte rigorosa de encontrar argumentos e procedimentos para convencer de sua necessidade – este é o significado de *inventio* na retórica clássica.

O esquema da ficção

Os termos "ficção", "retórica" ou "invenção" implicam a busca e a exploração das mediações necessárias para elaborar e transmitir a ciência analítica balbuciante. A ficção definida dessa maneira se converge apenas parcialmente à coisa literária. Em geral, a ficção não é uma prerrogativa apenas da literatura, mesmo que encontre na experiência literária uma modalidade natural de expressão. Como uma faculdade que poderia ser descrita como quase transcendental, na medida em que está inseparavelmente ligada à faculdade de imaginação de Kant, a ficção ultrapassa (e de longe) a literatura.

Como operação, a psicanálise freudiana tem afinidades eletivas com a ficção, embora largamente ignorada por Freud, que tem o termo ficção em muito pouca estima quando a aplica à ciência.

E ainda, na elaboração teórica de sua clínica, Freud utiliza procedimentos que são similares à ficção ao mesmo tempo que destaca, nos processos psíquicos inconscientes, modalidades que não lhe

65 F. Roustang, *Un destin si funeste*, *op. cit.*, p. 113.
66 *Ibid.*

são estranhas. A operação de ficção implica uma conexão. Para ser elaborada e transmitida, a psicanálise requer o recurso a um terceiro termo que permita ligar, além do *Spaltung*, representações irrevogavelmente disjuntas pelo recalque: a ficção torna possível uma identificação e um deslocamento sem os quais a natureza da não relação que constitui o inconsciente não poderia ser postulada.

O conceito de ficção como uma operação envolvendo um terceiro termo se esclarece à luz do esquematismo kantiano. O esquema é definido da seguinte maneira: "Ora, é óbvio que deve haver um terceiro termo que seja homogêneo, por um lado, o da categoria e, por outro, o do fenômeno, e que torne possível a aplicação do primeiro ao segundo. Esta representação intermediária deve ser pura (sem nenhum elemento empírico) e ainda assim deve ser, por um lado, intelectual e, por outro, sensata. Tal é o esquema transcendental".[67] Parece que um gesto recorrente da epistemologia freudiana - e da retórica que a acompanha - consiste em abrir espaço para a ficção, declinada de forma plural e heterogênea como um terceiro termo que nos permite apoiar a ligação entre inconsciente e consciente.

Kant também afirma que o "esquema é sempre por si só apenas um produto da imaginação".[68]

Transposição, transferência e tradução são processos animistas inconscientes que foram trazidos à luz em *A interpretação dos sonhos* e podem ser subsumidos sob a categoria de ficção mediadora. O psicanalista já havia descoberto as afinidades entre a obra do psiquismo e a da criação literária. A ideia do ensaio psicanalítico aplicado *O delírio e os sonhos na* Gradiva *de Jensen* (1907) foi inspirada por um colega, Wilhelm Stekel, que tinha lido uma obra literária recentemente publicada em conexão com *A interpretação dos sonhos*. Este trabalho continha vários sonhos do escritor, "daqueles sonhos que jamais foram

---

67 E. Kant, *Critique de la raison pure*, *op. cit.*, p. 187-188.
68 *Ibid.*, p. 189.

sonhados realmente",[69] o que levou seu discípulo a considerá-los pelo prisma da nova ciência dos sonhos. A categoria de sonhos fictícios, que atraiu a atenção de Freud, é emblemática da uniformidade do trabalho entre sonho e ficção. Como nos sonhos, a ficção opera por deslocamento ou condensação – notadamente por substituição ou analogia – e nos permite compreender uma relação que só pode ser trazida à luz obliquamente, uma relação do inconsciente, carimbada com o selo de uma relação recalcada e irrecuperável.

Quanto ao termo "ficção", ele só aparece raramente nos escritos de Freud, mas em ocasiões iniciais que merecem ser consideradas, porque atestam usos múltiplos e uma evolução decisiva. Usado pela primeira vez em 1896 em uma nota de rodapé, ele denota a natureza imaginária do trauma histérico: "Todas as experiências e excitações que, no período posterior à puberdade, preparam o caminho ou precipitam a eclosão da histeria, só surtem esse efeito, como se pode demonstrar, por despertarem o traço mnêmico desses traumas de infância".[70] Sem estar sem fundamento, "os romances que [os pacientes] criam para si a ficção"[71] são vistos com ceticismo por aquele que renuncia de fato a levar a sério os ataques sexuais que lhe são relatados pelas histéricas. Entretanto, em 1899, em um texto dedicado às "lembranças encobridoras", a ficção é agora descrita como uma operação inconsciente: em referência a uma memória de infância na qual ele reconhece a marca registrada do inconsciente, Freud fala de "ficção poética".[72] Paralelamente, a ficção qualifica a hipótese do sistema *Ics* que Freud recapitula em *A interpretação dos sonhos* quando descreve o aparelho psíquico primitivo descrito no Capítulo VII: "Nós nos aprofundamos na ficção de um

69 S. Freud, *O delírio e os sonhos na Gradiva*, *OCF* 8, São Paulo, Companhia das Letras, 2015, p. 11.

70 S. Freud, "Observações adicionais sobre as psiconeuroses de defesa", *OCF* 3, Rio de Janeiro, Imago, 1972, p. 98.

71 *Ibid.*

72 S. Freud, "Lembranças encobridoras", *OCF* 3, Rio de Janeiro, Imago, 1972, p. 3.

aparelho psíquico primitivo, cujo trabalho é regulado pelo esforço de evitar acúmulos de excitação e manter-se livre de excitações o máximo possível".[73] No mesmo capítulo, o termo "ficção teórica" utilizado[74] vem designar uma impossibilidade lógica – o de um inconsciente que possuiria apenas um processo primário – correspondendo a uma necessidade de representação de processos animais originais tornados inacessíveis pelas formações resultantes dos processos secundários. Na obra de Freud, ela tem dois usos: um que pode ser descrito como poético, o objeto de uma *poiein*, de um fazer que está ligado a certos processos inconscientes e a algumas de suas produções, como a alucinação – a da criança recém-nascida alucinando o seio materno – ou a fantasia – "uma criança é espancada"; o outro, associado à faculdade de representar, mapear, modelar o inconsciente como um sistema, pode ser chamado de teórico. Em ambos os casos, a ficção – teórica ou poética – é um processo de representação e construção destinado a compensar uma representação ou elo perdido. Independentemente de qualificar um aspecto da teoria ou um processo inconsciente, ela apoia a hipótese e liga indissoluvelmente o trabalho anímico e sua formalização teórica, a psique e a empreitada metapsicológica.

Os processos inconscientes que operam tanto no sonho como na transferência exigem que as transposições se tornem perceptíveis e inteligíveis. À espinhosa questão de como chegar ao conhecimento do inconsciente, Freud responde: "Naturalmente nós só o conhecemos como consciente uma vez que tenha sido submetido a uma transposição (*Umsetzung*) ou tradução em consciente (*Übersetzung*)".[75]

---

73 S. Freud, *A interpretação dos sonhos*, *OCF* 4, São Paulo, Companhia das Letras, 2019, p. 595.

74 "Pelo que sabemos, um aparelho psíquico dotado apenas do processo primário não existe e é, portanto, uma ficção teórica; mas é fato que os processos primários se acham nele desde o início, enquanto os secundários se desenvolvem gradualmente, ao longo da vida, inibindo e sobrepondo-se aos primários, e talvez alcancem o pleno domínio sobre estes apenas no auge da vida." *Ibid.*, p. 600.

75 S. Freud, *Metapsicologia*, *OCF* 12, São Paulo, Companhia das Letras, 2010, p. 75.

Em "Análise finita e análise infinita" (1937), ao questionar a possibilidade e a oportunidade da liquidação duradoura de um conflito de pulsões, um desafio do tratamento, se é que alguma vez houve um, ele responde duplamente pelo negativo e convoca um personagem fictício para designar sua teoria:

> *Se nos perguntam por que vias e com que meios isso ocorre, a resposta não é fácil. Temos que dizer: "É preciso chamar a bruxa, afinal". Ou seja, a bruxa metapsicologia. Sem especular e teorizar – quase digo: fantasiar – de maneira metapsicológica, não avançamos um passo neste ponto. Infelizmente, também desta vez as informações da bruxa não são muito claras nem muito detalhadas.*[76]

A escolha da bruxa – uma figura feminina da verdade fatal em William Shakespeare ou de destino maléfico – para representar o funcionamento do aparelho psíquico não é, no entanto, indiferente. A bruxa é a alegoria da ficção freudiana: ela é o meio de representar e se aproximar da Coisa que Lacan chamará freudiana: o inconsciente. A teoria – "especulação e teorização" – articula efeitos a uma causa não fenomenal, mas explicativa. A bruxa é assim a contraparte alegórica da hipótese do inconsciente: por mais improvável e perturbadora que seja, ela se mostra indispensável para dar conta de processos anímicos que escapam aos olhos, mas cuja necessidade teorética e lógica não é menos inescapável.

Entre o sonho e o desejo inconsciente, a transferência e sua âncora inconsciente, a compulsão de repetição e sua reprodução original, há, mais que uma lacuna, uma disjunção.

---

76 S. Freud, "Análise terminável e interminável", *OCF* 19, São Paulo, Companhia das Letras, 2018, p. 166.

A ficção cria uma ponte entre lugares que não se comunicam, dá forma a instâncias anteriormente desconhecidas e literalmente desloca o problema dando-lhe forma e figura. A ficção em Freud não significa "algo que tenha sido inventado",[77] para usar a expressão de Dorrit Cohn, mas está mais próxima de sua etimologia: *fingere*, que significa "fazer ou formar". Cohn observa que o termo ficção é comumente usado em "uma grande variedade de noções explicativas – a força da gravitação de Newton (que ele chamou de 'ficção'), o estado da natureza de Rousseau, a planta primordial de Goethe (*Urpflanze*), o inconsciente de Freud".[78]

Cohn lembra que foi o livro de Hans Vaihinger, *Die Philosophie des Als Ob: System der theoretischen, praktischen und religiösen Fiktionen der Menschheit auf Grund eines idealistichen Positivismus*, de 1911, que destacou este uso do termo ficção, apoiando-se em particular no uso kantiano da ficção heurística que o autor da *Crítica da razão pura* menciona. Freud tinha lido este trabalho e o citou explicitamente duas vezes – voltarei a estas referências em detalhes no Capítulo 3. Em *A questão da análise profana* (1926), Freud usa a noção de ficção, que ele diz ser comum na ciência, para descrever a organização do aparelho anímico:

> *Mas o que espera você? É uma ideia provisória, como tantas que há nas ciências.* Open to revision *[suscetível à revisão], pode-se dizer nesses casos. Acho desnecessário invocar aqui o "Como se", que se tornou popular. O valor de tal "ficção" – como o filósofo Vaihingerh a denomina – depende do quanto podemos conseguir com ela.*[79]

---

77 D. Cohn, *Le Propre de la fiction*, Paris, Le Seuil, 2001, p. 11

78 *Ibid.*, p. 16.

79 S. Freud, *A questão da análise leiga*, *OCF* 17, São Paulo, Companhia das Letras, 2014, p 111.

Ao contrário da opinião comum que, segundo Cohn, "este selo ficcional torna textos deste tipo epistemologicamente ilegítimos",[80] na psicanálise freudiana a ficção tem uma função heurística – exploratória e teórica – e constitui uma operação de elaboração e validação da hipótese do inconsciente.

80 D. Cohn, *Le Propre de la fiction*, *op. cit.*, p. 34.

2. A tentação das intrigas nos *Estudos sobre a histeria*

A tentação da intriga que tomou conta da psicanálise em seu início é inseparável da relação que a histeria, descoberta por Freud e Josef Breuer, tem com a narrativa e com a verdade. A histeria traumática, como aparece nos *Estudos sobre a histeria* (1895), é o resultado de um conflito intrapsíquico: é por meio da recontagem catártica de sua história que a paciente pode se livrar de seus sintomas. Breuer reconheceu explicitamente o poder da fala sob hipnose no caso de Anna O.:

> *Já descrevi o fato assombroso de que, do início ao término da doença, todos os estímulos provenientes do segundo estado e suas consequências foram permanentemente suprimidos ao serem expressos na hipnose, e a ele nada tenho a acrescentar senão a certeza de que isso não foi, de modo algum, uma invenção minha que eu teria sugerido à paciente.*[1]

---

1 S. Freud, *Estudos sobre a histeria*, *OCF* 2, São Paulo, Companhia das Letras, 2016, p. 57.

A "expressão verbal" tem a forma de uma narrativa recuperada.

No primeiro caso que ele escreveu, Freud descobriu a fabulação como um sintoma de morbidez histérica. No início do tratamento de Emmy von N., ele observa que ela "fala-me de horripilantes histórias de animais".[2] A paciente conta a seu médico sobre uma notícia no jornal: um aprendiz amarrou um menino e enfiou um rato branco em sua boca. Freud aproveitou o sono da paciente para verificar o detalhe que o intrigou: "Enquanto ela dorme, pego o Frankfurter Zeitung; com efeito, encontro a história dos maus-tratos a um garoto, mas sem camundongos ou ratos. Estes, portanto, seu delírio acrescentou durante a leitura".[3] Não contente em restaurar a verdade dos fatos, ele confronta a paciente, mas em vão, sobre o que ele designa como uma "súbita intercalação de um delírio no estado de vigília":[4] "Ela não sabe nada sobre isso, ela está muito admirada e ri de bom grado".[5] A histeria que coloca Freud no caminho da psicanálise entretém afinidades eletivas com a trama.

Nos *Estudos sobre a histeria*, Freud renuncia progressivamente ao recurso à hipnose, com o qual admite não ter tido particularmente sucesso.[6] Com Elisabeth von R., ele desenvolveu uma técnica que prefigurou a cura psicanalítica:

> *Portanto, me foi possível dispensar a hipnose no início, reservando-se o direito de usá-la mais tarde se no curso*

2 *Ibid.*, p. 62.

3 *Ibid.*

4 *Ibid.*

5 *Ibid*

6 Desde a segunda cura, a de Lucy R., Freud reconhece o limite dos seus dons de hipnotizador: "Eu inclusive me encontrava rapidamente cansado, após ter dado a segurança e a ordem: 'Você vai dormir, durma!', de sempre escutar nos graus mais leves da hipnose, a objeção: 'Mas, Doutor, na verdade eu não estou dormindo'". *Ibid.*, p. 127.

> *de sua confissão surgirem correlações que sua memória talvez não seja suficiente para esclarecer. Assim, nesta primeira análise completa de uma histeria que empreendi, cheguei a* um procedimento que mais tarde elevei à categoria de método *e que introduzi com um objetivo consciente, um procedimento de limpeza por estratos do material psíquico patogênico que estamos acostumados a comparar com a técnica de exumação de uma cidade soterrada.*[7]

Entretanto, a mudança freudiana na técnica – a passagem progressiva à livre associação – é acompanhada por uma profunda transformação na escrita da clínica, cuja impressão é preservada nos *Estudos sobre a histeria*. Os modelos literários que presidiram a redação dos primeiros textos assinados por Freud deixaram uma marca duradoura na psicanálise como história e como disciplina. Esta escrita não é neutra: ela toma emprestados paradigmas cujas determinações estão longe de ser indiferentes à produção de conhecimento que dela resulta e é inspirada em gêneros literários que não estão sem incidência nos conteúdos que informam. A primeira escrita de caso molda a forma como a psicanálise é inventada como uma clínica, bem como uma teoria.

O método catártico experimentado sob a dupla escrita de Breuer e Freud é baseado em uma clínica nascente: a teoria da histeria se forma pela escrita que ela mesma afeta ou determina em troca da abordagem clínica. A comunicação científica da histeria está inseparavelmente ligada à escrita da clínica, cujos perigos Freud aprenderá durante a escrita dos casos dos quais é responsável. O primeiro caso escrito, o dos *Estudos sobre a histeria*, um verdadeiro arquivo

---

7 *Ibid.*, p. 159. Grifo meu.

de psicanálise, é marcado pelo selo de uma tentação de intrigar. Minha hipótese é que, para começar, Freud recorreu a um duplo modelo diegético herdado do romance policial e do romance apenas para renunciar a esse modelo. As histórias de cura subsequentes[8] procedem de modalidades fundamentalmente diferentes. Mas, antes de questionar as razões desse impasse, é necessário começar por considerar a tentação da trama que se apoderou de Freud em sua escrita clínica. Para isso, é necessário um desvio pelo caso de "Anna O.", escrito somente por Breuer: este primeiro relato de um tratamento nos permite, ao contrário, medir a lacuna e o passo à parte que a escrita do caso freudiano representa desde o início.

Em 1880, Breuer tratou Anna O., uma paciente que sofria de alucinações, paralisia e distúrbios visuais: inicialmente publicado no *Neurologisches Zentralblatt* em janeiro de 1893, depois republicado em *Estudos sobre a histeria*, este relato do tratamento escrito doze ou treze anos após o tratamento é o único caso que ele assinou. O olho clínico do médico dissecando a doença do paciente está sempre presente. O relato do tratamento procede de uma temporalidade que, se não teleológica, é claramente orientada e dividida em fases às quais correspondem sintomas claramente listados e

8 Freud publicou vários relatos completos de curas (cinco dos quais foram coletados em uma edição francesa sob o título *Cinco psicanálises* em 1935, em uma tradução de Marie Bonaparte e Rudolph Loewenstein): "Fragmento de uma análise de histeria" ("Dora", 1905), "Análise de uma fobia em um menino de 5 anos" ("O pequeno Hans", 1909), "Observação sobre um caso de neurose obsessiva" ("O Homem dos Ratos", 1909), "Observações psicanalíticas sobre a autobiografia de um caso de paranoia" (*Presidente Schreber*, 1911), "História de uma neurosa infantil" ("O Homem dos Lobos", 1918). Duas dessas curas não foram conduzidas diretamente por Freud: a do Presidente Schreber, que constitui uma cura de livro realizada a partir da memória do paciente, e a do pequeno Hans, realizada por meio do pai da criança. A esta lista deve ser acrescentado o último relato publicado por Freud sobre uma cura: "Sobre a psicogênese de um caso de homossexualidade feminina" (1920).

reconstituídos pelo terapeuta. A objetividade do olhar, a sequência ordenada de sintomas contrasta com uma retórica de tentativa, erro e investigação que caracteriza a redação do caso de Freud.

O caso "Anna O." é complexo em muitos aspectos: tem sido objeto de controvérsia historiográfica entre partidários de Freud e defensores de Breuer. A acusação freudiana[9] – transmitida por Ernest Jones – de que Breuer permaneceu resolutamente ignorante dos efeitos transferenciais e do papel que a sexualidade desempenha na etiologia das neuroses pesou muito na recepção da primeira cura na história da psicanálise.

O que é marcante em Breuer e Freud é a diferença de estilo. Enquanto Breuer traça um quadro clínico de uma sintomatologia variada e evolutiva de seu paciente, para relacionar sintomas mórbidos com sua causa, Freud procura relacionar os sintomas mórbidos a uma lógica narrativa. Freud, além disso, faz com que o enunciado de cura aconteça diante dos olhos do leitor. Enquanto Breuer enfatiza o papel da verbalização, ele não atribui o desaparecimento do sintoma precisamente a sua causa:

> *Seu estado moral era uma função do tempo decorrido desde a última expressão verbal para cada produção espontânea de sua fantasia, e cada evento concebido pela parte doente de sua psique continuou a agir como um estímulo psíquico até que tivessem sido contados em*

9 Em uma carta a Stefan Zweig datada de 2 de junho de 1932, Freud recorda uma declaração feita por Anna O., relatada a ele por Breuer, que lhe permite prever o fracasso do tratamento em retrospectiva. Quando questionada por um médico sobre dores abdominais intensas, diz-se que ela declarou: "É a criança que eu tenho do Dr. Breuer que está vindo". Consternado pela gravidez "nervosa" de sua paciente, Breuer teria fugido, incapaz de lidar com o amor transferencial do qual ele era o objeto.

> *hipnose, mas por este meio sua eficácia também tinha sido completamente eliminada.*[10]

Para Breuer, o método catártico é visto essencialmente como uma descarga energética: o fundo histórico da excitação nervosa, se não indiferente, é tratado de forma confusa com as experiências recentes: "A hipnose vesperal já era abundantemente carregada, pois não só as fantasias produzidas recentemente, mas também as experiências e os dissabores de 1881 deveriam ser desfeitos pela palavra [...]".[11] Breuer descreve o processo regressivo do método catártico, no qual as curas freudianas também se baseiam, com precisão e clareza, mas sua descrição permanece geral e leva pouco em conta os detalhes do caso:

> *A partir dessas descobertas – de que os fenômenos histéricos em Anna O. desapareciam logo que o episódio que provocara o sintoma era reproduzido na hipnose – desenvolveu-se um procedimento técnico terapêutico que, em consistência lógica e realização sistemática, não deixava nada a desejar. Cada sintoma desse quadro clínico complicado foi examinado isoladamente; todas as ocasiões em que ele havia aparecido foram relatadas em ordem inversa, começando com o dia anterior ao que a paciente ficou acamada e retrocedendo até o motivo desencadeador da primeira aparição. Sendo esta relatada, o sintoma era removido para sempre.*[12]

---

10 S. Freud, *Estudos sobre a histeria*, OCF 2, São Paulo, Companhia das Letras, 2016, p. 54.

11 *Ibid.*, p. 56.

12 *Ibid.*, p. 57.

Se Breuer reconhece o poder curativo da expressão verbal, ele deixa, em contrapartida, a causa da ação terapêutica não solucionada. Como médico, ele se concentra principalmente no quadro clínico e na melhora sintomática. Descreve o que vê enquanto Freud escuta o detalhe, traça o sintoma e localiza o fio da causalidade mórbida. Com uma notável exceção,[13] Breuer não questionou a raiz do sintoma e reteve apenas de modo geral a memória da patogênese. Ele admite, além disso, que não se lembra dos elementos precisos do caso:

> *Não lamento muito que a incompletude de minhas anotações torne impossível reduzir aqui todo o fenômeno histérico à sua circunstância ocasional. O paciente o fez para todos esses fenômenos, exceto os mencionados acima, e cada sintoma tinha desaparecido, como descrito, após o relato da primeira circunstância ocasional. É deste modo que toda histeria termina.*[14]

É *in fine* o *status* do detalhe que opõe tacitamente Breuer de Freud em suas respectivas condutas e escritas da cura: enquanto Breuer se defende contra o lugar ocupado pelos detalhes da história da paciente, Freud, ao contrário, dá grande importância: "Qualquer que seja o número de detalhes interessantes que eu tenha suprimido, a história da doença de Anna O. tornou-se, no entanto, mais volumosa do que parece merecer uma situação histérica que por si só não é incomum".[15]

---

13 Breuer "brevemente" descreve um incidente no qual ele relaciona "a incubação e a patogênese desta histeria". Na beira da cama de um pai doente, ela é vítima de um episódio alucinante durante o qual vê uma cobra saindo da parede: "Quis rechaçar o animal, mas estava como que paralisada; o braço direito, pendente sobre o espaldar da cadeira, ficara "adormecido", insensível e parético e, quando o observou, seus dedos transformaram-se em pequenas serpentes com cabeça de caveira (as unhas)". *Ibid.*, p. 50.

14 *Ibid.*, p. 59.

15 *Ibid.*

Uma leitura comparativa dos *Estudos sobre a histeria* mostra que a atenção aos detalhes é um elemento constitutivo e consubstancial do método de Freud: "Com isso eu poderia dar a impressão de que atribuo demasiada importância aos detalhes dos sintomas e me perco em supérflua interpretação de sinais. Mas aprendi que a determinação dos sintomas histéricos de fato se estende à sua mais sutil configuração e que dificilmente é excessivo o sentido que se lhes possa atribuir".[16]

O tratamento de Anna O. terminou, segundo seu médico, com uma recuperação completa: "Desde então, ela tem gozado de perfeita saúde".[17] A historiografia tem provado que não foi este o caso. Anna O. é o relato de uma cura ideal que restaura o sujeito a um estado de saúde psíquica primordial: "O interesse desse caso me parece residir sobretudo na grande transparência de sua patogênese e na facilidade de explicá-la".[18]

Podemos medir a lacuna que separa o relato de Anna O. do relato de Dora, que se conclui com a saída precipitada da paciente e a confissão do fracasso do psicanalista. As quatro histórias freudianas dos pacientes já marcam um significativo afastamento da narração positivista e, contudo, incompleta de Breuer.

Atenção freudiana aos detalhes

Em seu ensaio sobre psicanálise aplicada ao *Moisés* de Michelangelo (1914), Freud confirma a importância crucial dos detalhes, mesmo do refugo, para a prática psicanalítica:

> *[O] russo Ivan Lermolieff [...] tinha causado uma revolução nas galerias europeias ao rever a atribuição de muitas pinturas a este ou aquele pintor [...]. Ele chegou*

16 *Ibid.*, p. 177.

17 *Ibid.*

18 *Ibid.*, p. 53.

> *a isso deixando de lado a impressão geral e os grandes traços de uma pintura e sublinhando a importância característica de detalhes secundários, de pequenas coisas como o desenho das unhas, dos lóbulos das orelhas, das auréolas de santos e outros pormenores não considerados, que o copista descuida ao imitar e que, no entanto, cada artista executa de maneira própria.*[19]

Freud considera a técnica desenvolvida por Lermolieff – o médico italiano que respondia pelo nome de Morelli – próxima da psicanálise: "Esta última também está acostumada a adivinhar a partir de traços tidos como da baixa estima ou não notados, a partir dos refugos das recusas – da observação, de adivinhar o que é secreto e o que está escondido".[20]

A semiologia é a disciplina médica que estuda os sinais das doenças: é a base de todas as clínicas. Na cabeceira do paciente, o olho do médico é treinado para detectar os sinais mais discretos cuja imagem permite fazer um diagnóstico. Inspirado na semiologia médica, o método freudiano consiste, por um lado, em observar os sintomas percebidos e reconhecidos, mas também em explorar os detalhes mais minuciosos e aparentemente insignificantes. O olho clínico se desdobra, por assim dizer: o olho médico decifra os sintomas somáticos e os relaciona entre si, como Breuer fez na tradição da Escola Charcot. Uma mobilização da sensibilidade do praticante a todos os tipos de sinais clínicos e paraclínicos permite que as circunstâncias de sua formação sejam mais exploradas.

A revolução da clínica freudiana relativa à tradição psiquiátrica que a precedeu reside na atenção ao detalhe semiótico – e não somente somático – que acompanha a tabela clínica do paciente. O corpo fala,

---

19 S. Freud, *O Moisés de Michelangelo*, *OCF* 11, São Paulo, Companhia das Letras, 2012, p. 283.

20 *Ibid.*

mas seu discurso empresta meios – segundo a necessidade – pseudossomáticos. O sintoma que atinge a paciente se acompanha de uma semioticidade multiforme e heterogênea que a psicanálise levará a sério e assumirá o risco de enfrentar. O sintoma histérico, tal como constituído na teoria freudiana, é desprendido do quadro nosográfico da psiquiatria para se tornar um enigma. Em "Dora", Freud estende a atenção clínica do analista a uma dupla esfera: "tenhamos de dar a mesma atenção às condições puramente humanas e sociais dos pacientes que aos dados somáticos e sintomas patológicos".[21]

Ao contrário da clínica hospitalar descrita por Michel Foucault, o "extrínseco"[22] não é mais descartado: ao contrário, ele aponta o caminho a seguir. A "verdade" da doença muda seu *status*: ela não é mais reconhecível a olho nu, mas é corroborada por uma narrativa. O insignificante, o infinitesimal, o minúsculo, o insignificante tem um lugar colossal na nascente ciência analítica.

O "refugo" (recusa) é o índice precioso e aberrante do inconsciente, como Freud argumenta plenamente em sua análise do *Moisés* de Michelangelo. Ele provavelmente não teria nada a acrescentar aos elogios de Walter Benjamin à indolência baudelairiana: "Tudo o que a grande cidade rejeitou, tudo o que perdeu, tudo o que desprezou, tudo o que quebrou, ele o cataloga, ele o coleciona. Ele compila os arquivos da depravação, o burburinho dos rejeitados. Faz uma triagem, uma escolha inteligente; coleta, como um avarento, um tesouro, o lixo que, remixado pela divindade da Indústria, se tornará objeto de uso ou de gozo. Esta descrição é apenas uma longa metáfora para o comportamento do poeta no coração de Baudelaire. Indolente ou poeta – o rejeito é importante para ambos".[23]

---

21 S. Freud, "Análise fragmentária de uma histeria", *OCF* 6, São Paulo, Companhia das Letras, 2016, p. 188.

22 M. Foucault, *Naissance de la clinique*, Paris, PUF, 1993, p. 110.

23 W. Benjamin, *Charles Baudelaire: un poète lyrique* à *l'apogée du capitalisme*, Paris, Payot, 1992, p. 115-116.

Como podemos explicar que a atenção freudiana aos detalhes se estende ao desperdício? O processo primário que caracteriza o sistema inconsciente associado à censura – que Freud teorizou após os *Estudos sobre a histeria* de 1899 em diante – produz sinais residuais que são traços no rastro do qual o analista-detector se estabelece. Quanto mais estranho o detalhe – *unheimlich* –, mais provável é que seja marcado com o selo do recalque ou, para usar a linguagem de *A interpretação dos sonhos*, da deformação. A forma exata do sintoma, bem como o relato preciso do sonho cuja estrutura compartilha essencialmente, preserva um entulho, um dejeto, uma ruptura (no sentido de um tecido rasgado) que terá escapado ao processo de secundarização – de reorganização secundária, atenuação e recalque – de moções inconscientes.

O refugo é então a oportunidade de qualquer investigação psicanalítica: é o que resta do inconsciente em sua forma mais crua.

Em *Moisés de Michelangelo*, Freud interpreta, contrariando a tradição dos historiadores de arte, a postura da imponente estátua do profeta dos hebreus com base em detalhes minuciosos – incluindo a ligeira inclinação do canto das Távolas da Lei, o movimento dos dedos na barba e a orientação do joelho. A psicanálise aplicada ilustra de maneira admirável o método freudiano: o mármore da estátua torna-se eloquente para aqueles que sabem prestar atenção aos menores detalhes de sua apresentação. Em *Uma lembrança de infância de Leonardo da Vinci* (1910), Freud desvenda o mistério do sorriso da Mona Lisa a partir de uma notação incidental extraída do grosso volume dos cadernos do pintor. Como Élisabeth Roudinesco e Michel Plon justamente escrevem: "Freud decidiu então submeter esta 'fantasia do abutre em Leonardo' a uma 'escuta psicanalítica'".[24] Confiando nos detalhes mais insignificantes, e apostando no negligenciável, Freud faz questão de resolver enigmas muito além do

24 É. Roudinesco e M. Plon, *Dictionnaire de la psychanalyse*, Paris, Le livre de Poche, 2011, p. 1472.

campo restrito da clínica. Se a atenção aos sinais é de ascendência médica – em conexão com o conhecimento do corpo silencioso que o olhar do médico perfura, segundo Foucault[25] –, ele adquire um novo *status*: os sinais não são apenas traduzíveis em sintomas, e combináveis entre eles em diagnósticos patológicos. Os detalhes que o psicanalista leva em consideração não estão mais organizados em um quadro clínico que constitui a condição mórbida, mas participam de uma narrativa ausente que é importante reconstituir porque tem a dupla característica de ser explicativa e curativa. "A ciência do inconsciente é uma ciência de detecção: Ricœur evoca um procedimento de detecção (para não dizer uma manobra de detetive)".[26] Em uma palestra de 1906 traduzida por Marie Bonaparte intitulada "Psicanálise e estabelecimento de fatos em matéria judicial por um método diagnóstico", Freud tenta, diante de uma audiência de advogados, uma comparação bastante surpreendente entre o criminoso e o histérico: "Indo ao encontro da surpresa dos senhores, farei uma analogia entre o criminoso e o histérico. Nos dois estamos diante de um segredo, de algo oculto".[27] E ele continua: "Mas a tarefa do terapeuta é a mesma do juiz de instrução; devemos desencobrir o material psíquico oculto, e para isso inventamos uma série de artes de detetive, algumas das quais os senhores juristas deverão imitar".[28] Embora Freud não considere a neurose como repreensível, ele compara a pessoa nervosa com o criminoso que tem um segredo em comum: um conhece, o outro, não. Mas a comparação não termina aí. Tanto o juiz quanto o analista perseguem um objetivo que não é incomparável na medida em que estão atentos ao menor

25 "É ver e saber ao mesmo tempo, pois ao dizer o que vemos, o integramos espontaneamente ao conhecimento, é também aprender a ver, pois é dar a chave de uma língua que domina o visível." M. Foucault, *Naissance de la clinique*, *op. cit.*, p. 115.

26 P. Ricœur, *De l'interprétation: essai sur Freud*, Paris, PUF, 1965, p. 354.

27 S. Freud, *A instrução judicial e a psicanálise*, *OCF* 8, São Paulo, Companhia das Letras, 2015, p. 202.

28 *Ibid.*

detalhe perturbador ou discordante[29] suscetível de colocá-los na pista da verdade.

O historiador Carlo Ginzburg[30] revelou a influência dos escritos de Giovanni Morelli, o crítico de arte italiano, sobre o jovem Freud. Se o método de Morelli, que Ginzburg mostra ser herdado da semiologia médica, foi sem dúvida decisivo no desenvolvimento da técnica psicanalítica, ele é acompanhado nos *Estudos sobre a histeria* por uma implementação diegética que empresta seu método ao romance policial. O trabalho de Arthur Conan Doyle – que, como Morelli, era médico por formação – foi uma fonte significativa de influência para Freud. Na redação das curas pelas quais foi responsável, ele cedeu à tentação diegética de colocar o discurso da história da doença em uma trama.

O enigma do sintoma histérico

O advento da psicanálise envolveu uma mudança de paradigma na escrita clínica. Esta mutação estilística cobre uma epistemologia nascente: implica um método de investigação e teorização de processos

---

29 "Em um campo mais restrito, usamos em psicanálise o terceiro de seus índices complexos, o erro, ou seja, a modificação na repetição. Um problema, que muitas vezes nos é colocado, consiste na interpretação dos sonhos, ou seja, na tradução do conteúdo de um sonho que lembramos em seu significado oculto. Pode acontecer que não saibamos em que ponto devemos abordar o problema, e então podemos usar uma regra de ouro que descobrimos, que consiste em repetir a história dos sonhos. O sonhador então geralmente muda sua maneira de se expressar em vários pontos, enquanto em outros pontos ele se repete fielmente. Nós nos atrelamos então a estes pontos em que a reprodução é defeituosa por causa de uma modificação, muitas vezes também devido a uma omissão, sendo essa infidelidade na repetição uma garantia da relação que existe com o complexo, permitindo-nos abordar da melhor forma possível o sentido secreto do sonho." *Ibid.*, p. 54.

30 Ginzburg, "Signes, traces, pistes. Racines d'un paradigme de l'indice", *Le Débat* 6, 1980, p. 3-44.

psíquicos e novas possibilidades terapêuticas. A escrita de Freud, não menos descritiva do que a de Breuer, parece, no entanto, menos contundente: a nosografia está menos presente, substituída por uma comparação dos sintomas e suas causas. Os contextos classificatórios e patogênicos são substituídos por uma busca frenética pelas circunstâncias que envolvem a chegada do estado mórbido. Freud elabora o sintoma histérico em uma narrativa: o corpo não está mais contente em falar uma linguagem que o terapeuta deve traduzir em um quadro clínico, mas seu sintoma conta uma história. Já no caso de "Emmy von N.", Freud se defende em uma nota – que deve ser lida em eco para Breuer – de atrelar "demasiada importância aos detalhes dos sintomas".[31]

Para este fim de traduzir o sintoma em uma sequência de eventos, Freud trata o sintoma histérico como um rébus ou um quebra-cabeça a ser decifrado. Ele escreve sobre o caso Katharina: "Muitas vezes comparamos a sintomatologia histérica com um alfabeto ilustrado, que depois de descobrir alguns casos bilíngues seríamos capazes de ler. Neste alfabeto, vomitar significa repugnância".[32]

Entre psiquiatria e psicanálise, o *status* do sintoma muda profundamente: ele passa de um sinal da condição mórbida para um sinal completo e inteiro. Não é mais simplesmente convocado a ser notado, mas deve ser decifrado e interpretado. Ele fornece um ponto codificado de entrada na história do paciente. Os quatro casos freudianos nos *Estudos sobre a histeria* têm em comum o fato de darem origem a uma descrição de sintomas somáticos (perda do olfato, dificuldade em respirar, dor nas pernas etc.), conduzindo a uma investigação dialógica e detectiva do mal cujas pacientes sofrem.

O paradigma do quadro clínico, que havia sido utilizado na psiquiatria francesa, subsuma os sintomas múltiplos e multifacetados da doença; o relato catártico se afasta do campo do diagnóstico para

31 S. Freud, *Estudos sobre a histeria*, *OCF* 6, São Paulo, Companhia das Letras, 2016, p. 177.

32 *Ibid.*, p. 122.

se concentrar na etiologia, apreendendo a circunstância exógena que agiu sobre a psique. O que Freud traz à luz dos sintomas das mulheres cujos casos ele apresenta é a existência de uma cadeia de cenas traumáticas reprimidas: a primeira etiologia histérica é um transtorno de memória ao esquecimento de uma experiência, bem como a reminiscências inoportunas. O método catártico corrige isso por meio de um reconhecimento inseparável de uma narrativa traumática.

O caso freudiano postula o sintoma como um enigma narrativo e um nó traumático que exige uma resolução. Durante o caso "Katharina", Freud às vezes exclama: "O enigma foi assim resolvido".[33] A cura é entendida como o desenrolar de efeitos recalcados e esquecidos. O sintoma desaparece sob o efeito de uma anamnese que revela e elucida, uma análise no sentido de desvendar o intrincado nó de um enigma. O conceito freudiano de análise, como aponta Derrida, vem de uma longa tradição metafísica e é, por definição, baseado em um duplo motivo:

> *É, por um lado, o que poderíamos chamar de motivo arqueológico ou anagógico, pois é marcado no movimento ana (subida recorrente em direção ao principial, o mais original, o mais simples, o elementar ou o detalhe indecomponível); e, por outro lado, um motivo que poderia ser chamado de lítico, litológico, ou filolítico, marcado pela lise; decomposição, desobstrução, desligação, libertação, solução, dissolução ou absolvição e, ao mesmo tempo, conclusão final.*[34]

A diegese, o duplo da anamnese, da qual procede a cura, visa uma causa original e reprimida à qual o método catártico deve permitir voltar para trazê-la à luz e fazer desaparecer seu potencial mórbido.

---

33 *Ibid.*, p. 150.

34 J. Derrida, *Résistances de la psychanalyse*, Paris, Galilée, 1996, p. 33.

Derrida insiste no que ele designa como "a epistemologia implícita de Freud, seus modelos de análise, argumentação, demonstração, sua lógica de prova, sua retórica, sua narrativa e sua analítica e dialética".[35]

O narrático que pode ser considerado como o ponto nodal da escrita de casos, apoiando a epistemologia nascente da psicanálise, implica um movimento regressivo. Laplanche e J. B. Pontalis observam que o tropismo de uma regressão *ad infinitum* é característico de toda a abordagem freudiana e define o processo psíquico das neuroses:[36]

> *Desde o início, o movimento de pesquisa freudiano e o tratamento psicanalítico tiveram uma tendência regressiva para a origem, para a fundação do sintoma e para a organização neurótica da pessoa. Neste sentido nada mudou e a busca cronológica, a volta no tempo para os primeiros elementos reais e verificáveis nunca cessa de orientar a prática de Freud.*[37]

Deve-se notar que a história do caso, embora narre uma parte da vida ao mesmo tempo que uma história da doença, faz a escolha narratológica da trama contra a da história. Em *Aspectos do romance*[38] (1927), o romancista e crítico Edward Morgan Forster retoma, para renová-la, uma distinção aristotélica que contrasta a história definida como uma sequência de ações que acontecem no mundo

35 *Ibid.*, p. 17.

36 "Ao fazer isso, conseguimos descobrir o processo psíquico característico das neuroses, ao qual mais tarde demos o nome de regressão." In "Contribution à l'histoire du mouvement psychanalytique", S. Freud, *Cinq leçons sur la psychanalyse*, Paris, Payot, 1986, p. 73.

37 J. Laplanche e J.-B. Pontalis, *Fantasme originaire, fantasme des origines, origines du fantasme*, Paris, Hachette, 1985, p. 39.

38 E. M. Forster, *Aspects du roman*, Paris, Christian Bourgois, 1993.

real à intriga concebida como uma seleção e disposição de unidades significativas. Na trama, as relações entre eventos são baseadas em uma cadeia lógica de eventos que relaciona um efeito a uma causa. A história se desenrola ao longo de uma trajetória linear, mas seu destino é desconhecido, ao contrário da trama, que termina e cuja necessidade se extingue com a resolução do enigma, a conclusão que neste caso é a cura do paciente.

A outra tentação diretamente correlacionada com a da "trama que se torna" do caso é a do "tornar-se personagem" dos histéricos. Na história dos pacientes, certas situações individuais acabam se repetindo como se a mesma família ou origem social acabasse apontando um padrão no qual as mesmas causas traumáticas produziam os mesmos efeitos mórbidos. Os pacientes nos estudos têm características comuns sem dúvida por razões que têm tanto a ver com a etiologia de sua doença quanto com a sociologia de sua condição: os quatro casos freudianos apresentam mulheres de idades variadas sempre saudadas por sua inteligência e evoluindo na burguesia sem necessariamente pertencerem a ela.

No fundo, existem personagens masculinos igualmente redundantes: pais ou maridos cuja morte lenta ou desaparecimento repentino afetam suas esposas ou filhas, que os observaram e lamentaram. A lista de usos, como se diz no teatro, é no final bastante limitada. Freud insiste em particular sobre os efeitos patogênicos aos quais as jovens mulheres que permanecem à beira da cama dos doentes por longos períodos estão expostas:

> *Há boas razões para que os cuidados prestados a um doente desempenhem um papel tão significativo na pré-história das histerias. Alguns dos fatores atuantes nesse caso são evidentes: a perturbação do estado de saúde corporal pelo sono interrompido, a negligência no cuidado*

> *do corpo, o efeito de uma preocupação contínua sobre as funções vegetativas; em minha avaliação, porém, o mais importante encontra-se noutra parte. A pessoa cuja mente está ocupada com centenas de tarefas pertinentes aos cuidados com o doente, as quais sucedem-se uma à outra em interminável sequência por semanas e meses a fio, acostuma-se, por um lado, a reprimir todos os sinais de sua própria emoção e, por outro, logo desvia sua atenção das próprias impressões, pois lhe faltam tempo e força para levá-las em consideração.*[39]

O papel doméstico ou filial – eminentemente de gênero – desempenhado por essas mulheres às vezes muito jovens não é indiferente ao aparecimento de seus sintomas mórbidos. O sujeito feminino, isolado de si mesmo enquanto cuidava de um pai ou de um marido, literalmente esqueceu de si mesmo. É somente no rescaldo desses dias sem fim e sem lazer que o que Freud chama maravilhosamente de "lágrimas reparadoras"[40] pode ocorrer sob a forma de uma descarga emocional ou de uma repetição de tipo sintomática. Freud descobriu que a histeria de conversão é amplamente reativa: ela pode resultar da função de cuidado tradicionalmente atribuída a meninas e mulheres. Seja como trabalhos teatrais ou personagens fictícios, a identificação de papéis – como esposa ou mãe modelo, enfermeira ou babá – é certamente esclarecedora na psicogênese da histeria, mas é uma condição necessária embora não suficiente: Freud observa que certas predisposições pessoais favorecem o surgimento da histeria e que ela não é um destino inelutável.

---

39 S. Freud, *Estudos sobre a histeria*, *OCF* 2, São Paulo, Companhia das Letras, 2016, p. 154.

40 *Ibid.*, p. 155.

O romance do caso

O primeiro caso, o de Emmy von N., que se apresenta a Freud, é uma mulher de 40 anos que se casou com um industrial mais velho havia dezessete anos e que morreu de ataque cardíaco logo após seu casamento. Este relato da cura traz a marca, se não de um recurso à trama, pelo menos da prevalência de um regime de escrita novelista. Neste primeiro tratamento, que é parcialmente realizado sob hipnose, já estão esboçados os contornos do tratamento analítico que virá: "É como se tivesse se apropriado do meu procedimento e utilizasse a conversa, aparentemente natural e guiada pelo acaso, como complemento da hipnose".[41] Por sua recusa da hipnose, por suas recriminações, Emmy von N. coloca Freud no caminho da livre associação: "Então ela me disse, num tom muito rabugento, que eu não deveria perguntar sempre de onde isto ou aquilo veio, mas deixá-la me contar o que ela tinha a dizer".[42]

Na introdução ao caso, Freud, por mais cauteloso que seja, começa indicando Breuer e o caso "Anna O." para justificar melhor sua saída estilística e clínica:

> *Era histérica, deixava-se colocar em estado de sonambulismo com a maior facilidade e, ao percebê-lo, decidi empregar com ela o procedimento breueriano da investigação na hipnose, que eu conhecia das suas comunicações sobre a história de cura de sua primeira paciente. Foi minha primeira tentativa no manejo desse método terapêutico. Estava ainda muito longe de dominá-lo e, de fato, não avancei o bastante a análise dos sintomas*

41 *Ibid.*, p. 65.
42 *Ibid.*, p. 72.

> *nem os observei de modo suficientemente sistemático. Talvez consiga dar uma ideia mais clara do estado da doente e de minha atuação médica reproduzindo os apontamentos que fiz todas as noites nas primeiras três semanas do tratamento. Onde minha experiência ulterior possibilitou uma compreensão melhor, eu o darei a conhecer em notas e comentários.*[43]

Segue-se um registro *verbatim* das notas diárias do terapeuta, que permite ao leitor acompanhar o progresso do tratamento como se estivesse assistindo às entrevistas. Esta ilusão é reforçada pelo uso do diálogo como pano de fundo de uma narrativa engavetada em que a história da cura recobre a da doença e o discurso do terapeuta cita e comenta o da paciente.

O entrelaçamento de discursos – passagens diegéticas seguidas de tempos reflexivos – e o concerto de vozes – entre médico e paciente – produzem um efeito coral e rapsódico. Freud leva a tarefa de descrever o paciente tão a sério que às vezes ele parece exceder as necessidades da clínica. A primeira descrição de Emmy von N. é emblemática do estilo de Freud de escrever casos e seu senso de detalhes romanescos:

> *Encontro uma senhora de aparência ainda jovem, com traços fisionômicos finos, singularmente talhados, deitada no divã, uma almofada de couro sob a nuca. Seu rosto tem uma expressão tensa e dolorosa, os olhos estão apertados, o olhar baixo, a testa fortemente franzida, os vincos nasolabiais aprofundados. Fala como se fizesse esforço, em voz baixa, interrompida de quando em quando por uma*

43 *Ibid.*, p. 59.

> *hesitação espástica da fala, chegando a gaguejar. Seus dedos, que mantém entrelaçados, mostram uma contínua agitação, semelhante à da atetose. Frequentes contrações, ao modo de tiques, no rosto e nos músculos do pescoço, nas quais alguns destes, em particular o esternoclidomastóideo direito, ressaltam expressivamente. Além disso, interrompe-se com frequência na fala, para produzir um estalo peculiar que não posso imitar.*[44]

Neste "quadro vivo" de uma mulher histérica deitada no divã, o olho do clínico beira o olhar do romancista: o detalhe do "pequeno travesseiro de couro" insinua uma nota estética que nada parece justificar em um relatório médico. Apesar de sua discrição, essas informações adicionais sinalizam a presença sensível de um espectador na pessoa do médico e testemunha seu prazer em escrever. O detalhe do "pequeno travesseiro de couro" também é o que Roland Barthes chamou de "o efeito do real"[45] sobre o barômetro, que também é objeto de uma menção fugaz e inútil em relação à ação em um conto de Gustave Flaubert (*Um coração simples*), e cuja insignificância o crítico literário considera funcionar como uma embreagem fictícia. A narrativa do tratamento não é um romance, mas sinaliza imperceptivelmente a direção da ficção.

De Certeau interpreta a tendência novelista que caracteriza a escrita de casos freudianos como uma escolha de natureza epistemológica que confronta um paciente, sua história e um narrador-analista:

> *Adotar o estilo do romance é, portanto, abandonar a "apresentação do caso" como praticado por Charcot em suas*

---

44 *Ibid*, p. 59.

45 R. Barthes, "Introduction à l'analyse structurale des récits", *Communications* 8, 1966, p. 1-27.

> *"terças", que consistia em "observações", ou seja, "tabelas" coerentes, compostas pela observação dos dados relativos ao padrão sincrônico de uma doença. No caso de Freud, a estrutura patológica torna-se a estrutura em que ocorrem eventos que não estão integrados nela e que, no entanto, são decisivos do ponto de vista do "desdobramento" da doença. Como resultado, o "quadro" de Charcot se torna um "romance". O texto que parece não ter a "seriedade" da cientificidade deve-se, portanto, a uma seriedade do funcionamento dialógico próprio da cura.*[46]

Entre romance *e ficção de detetive*

Este "funcionamento dialógico" é perceptível no segundo caso freudiano, o de Miss Lucy R., 30 anos, cuja forma novelista imediatamente perceptível é acompanhada por uma intriga do sintoma. Esta história de tratamento é exemplar na medida em que combina intriga romântica e política. A trama parece particularmente adequada à exploração da histeria, dada sua propensão para o devaneio:[47] as ideias das histéricas são, em muitos aspectos, ideias inovadoras. O caso conta a história mórbida de uma governanta inglesa a serviço de um gerente de fábrica vienense:

> *A jovem dama, que vivia como preceptora na casa de um diretor de fábrica nos arredores de Viena, visitava-me em meus horários de consulta, de tempos em tempos. Era inglesa, de constituição delicada, de pele bastante clara*

46 M. de Certeau, *Histoire et psychanalyse*, Paris, Folio, 1987, p. 112-113.

47 Segundo Freud, o romance procede de "uma atividade muito particular do imaginário" que ele especifica ser "na natureza da neurose, mas também de qualquer talento superior". S. Freud, "Le roman familial des névrosés", Paris, Payot, 2014, p. 37. Ele vincula explicitamente a atividade fantasmática, o devaneio e o romance.

> *e, exceto pela afecção do nariz, saudável. Suas primeiras comunicações confirmaram as indicações do médico. Sofria de abatimento do ânimo e fadiga, era atormentada por sensações olfativas subjetivas e apresentava, como sintoma histérico, uma analgesia geral bastante nítida, com sensibilidade tátil intacta.*[48]

A doença de Miss Lucy R. se desenvolve sob o pano de fundo de uma paixão secreta e recalcada de uma jovem governanta inglesa pelo seu patrão. O gênero literário romance, gênero a partir do qual a literatura inglesa teceu seu prestígio no século XIX, encena amores que transcendem a classe e as barreiras geracionais e nele os movimentos do coração e da razão se chocam. O exemplo canônico é o de uma jovem professora inglesa pobre com uma forte consciência moral que se apaixona por seu rico empregador: *Jane Eyre*, de Charlotte Brontë (1847), um clássico da literatura inglesa que Freud não poderia ter deixado de ler.

Freud dá grande importância à episteme novelista que não é alheia ao conteúdo de sua descoberta. No caso de "Dora" (1905), ele empresta à governanta de sua paciente um conhecimento sexual derivado de sua leitura de romances, dos quais ele julga que Dora deriva "a fonte de todo o conhecimento secreto":[49] "Era sua última governanta, uma jovem de certa idade, lendo muito, com uma grande liberdade de visão".[50] Desde o século XVIII, a leitura da ficção tem libertado as mulheres em particular dos costumes sentimentais, bem como das práticas sexuais.

Um diálogo entre Freud e sua paciente sugere que a própria Miss Lucy R. era uma leitora de romances, mas ainda mais para que o

---

48 S. Freud, *Estudos sobre a histeria*, *OCF* 2, São Paulo, Companhia das Letras, 2016, p. 103.
49 *Ibid.*, p. 198.
50 *Ibid.*

terapeuta confiasse no conhecimento compartilhado do *romance* para decifrar os termos do caso. Ao final do tratamento, Freud não hesita em declará-lo diretamente a ela: "Acho que não há todas as razões para o que você sente pelas duas crianças; acho que você está apaixonada por seu chefe, o diretor, talvez sem que você mesma saiba que tenha a esperança de realmente tomar o lugar da mãe".[51] A intuição sobre a qual ele baseia sua interpretação parece ter sido tirada diretamente dos romances para meninas jovens. A resposta da Sra. Lucy R., que obviamente entendeu a referência intertextual, sem contradizê-lo, diz sem hesitar:

> *Oh não, não sou tolamente pudica; por sentimentos não somos de modo algum responsáveis. Isso me era penoso apenas por ser ele o patrão a quem sirvo, em cuja casa vivo, em relação ao qual não sinto em mim, como em relação a um outro, uma independência total. E porque sou uma garota pobre e ele um homem rico de família distinta; decerto as pessoas ririam de mim, se suspeitassem de alguma coisa.*[52]

Esta passagem do tratamento da Miss Lucy R. é bastante crucial: o conhecimento desconhecido da mulher histérica é declarado ali, que Freud retomará – sem citar explicitamente sua fonte – no tratamento da Srta. Elisabeth von R.[53] Quando perguntado por que a Miss Lucy R. não havia falado a seu terapeuta sobre seus sentimentos por seu chefe,

---

51 *Ibid.*, p. 111.

52 *Ibid.*, p. 112.

53 No momento em que ele interpreta o sintoma do paciente como resultante de uma defesa contra uma representação insuportável (a de ter se alegrado com a morte de sua irmã, que deixou livre seu cunhado, por quem ela se apaixonou), ele afirma: "Foi fácil provar-lhe que suas próprias comunicações não permitiam nenhuma outra interpretação, mas demorou muito até que meus dois argumentos de consolo – de que não somos responsáveis pelos sentimentos e de que seu

a paciente deu a Freud esta resposta, da qual não derivaria nada menos que a descoberta do inconsciente: "É que eu não sabia, ou melhor ainda, não queria saber".[54] Freud não deixa de comentar em uma nota sobre esta frase, que é qualificada como "cegueira de olhos abertos":[55] "Nunca consegui obter outra ou melhor descrição daquele estado particular no qual se sabe algo e, ao mesmo tempo, não se sabe. De forma manifesta, só se pode entender isso caso encontre a si próprio em tal estado".[56] É difícil imaginar uma definição mais simples e eficaz relativa ao que o inconsciente esconde como saber incognoscível e como um processo de recalque que praticamente nunca é perceptível.

Mas voltemos a um dos sintomas apresentados pelo paciente, cuja agudeza e originalidade chamaram a atenção de Freud e o colocaram no trilho de um trauma enigmático:

> *Essa expectativa logo se cumpriu. À minha pergunta sobre que tipo de odor a perseguia com mais frequência, recebi a resposta: "Como o de torta queimada". Assim, precisei apenas supor que o odor de torta queimada realmente ocorrera no episódio de efeito traumático. É mesmo bastante incomum que sensações olfativas sejam escolhidas como símbolos da lembrança de traumas, mas parecia evidente o motivo dessa escolha. A doente padecia de uma rinite supurativa e por isso o nariz e suas percepções estavam no primeiro plano de sua atenção. Sobre as circunstâncias de vida da doente eu sabia apenas que na casa onde cuidava de duas crianças, faltava a mãe, morta havia alguns anos em decorrência de aguda*

---

comportamento, seu adoecer naquelas circunstâncias, era um testemunho suficiente de sua natureza moral". *Ibid*, p. 150.

54 *Ibid.*, p. 181.

55 *Ibid.*

56 *Ibid.*

> *e grave doença. Resolvi então fazer do odor de "torta queimada" o ponto de partida da análise.*[57]

O detalhe insólito constitui "o ponto de partida" da enquete freudiana cuja resolução metódica ("Logo, decidi") poderia se encontrar sob a pluma de um Sherlock Holmes – de que Freud era um ávido leitor, como ele relata o "Homem dos Lobos" nas suas memórias – ou de um Dupin. A postura de detetive que adota Freud no caso presente não o deixará mais, ao menos até o caso "Dora" – e até mesmo além. A clínica que ele desenvolve é indiciária – retomando a expressão de Ginzburg – e se baseia na "ideia de um método de interpretação que se apoia nos dejetos, nos dados marginais considerados como reveladores".[58]

A cura de Miss Lucy R. consiste em um processo de rememoração e reconhecimento que resulta no desvendamento do enigma e no desaparecimento dos sintomas. O protocolo terapêutico que se inventa e que se vive no caso não é estranho ao procedimento que no teatro, desde a Antiguidade, chamamos de *anagnorisis*. Definido no capítulo XI de *A poética* de Aristóteles, ele é constitutivo de uma ação que marca a passagem de um estado a outro:

> *O reconhecimento, como o nome mesmo indica, é a inversão que faz passar da ignorância ao conhecimento, revelando aliança ou hostilidade entre aqueles que estão designados para a felicidade ou para a infelicidade. O mais belo reconhecimento é aquele que se acompanha de teatralidade, como o de Édipo. Sem dúvida ainda existem outros reconhecimentos.*[59]

No caso de Miss Lucy R., Freud destaca a natureza cenográfica do trauma e a inscrição sensorial da defesa da qual o sintoma mantém um

---

57 *Ibid.*, p. 104.

58 C. Ginzburg, *op. cit.*, p. 8.

59 Aristóteles, *La Poétique*, Paris, Le Seuil, 1980, p. 71.

traço lógico e cronológico. O desenlace do processo mórbido está na exumação de cenas sucessivas das quais cada novo sintoma indica o caminho: "Para meu espanto, a doente me trouxe – sem hesitação e em ordem cronológica – toda uma série de cenas",[60] declara Freud sobre o último caso dos *Estudos*. A cura consiste na lembrança de várias cenas traumáticas interligadas que o terapeuta ajuda o paciente a lembrar e revisitar uma a uma. Um palimpsesto de sucessivos eventos traumáticos transformados em sintomas é assim trazido à luz. Vamos tentar reconstituir em grandes linhas as etapas de tal anamnese terapêutica na forma de uma investigação. Incapaz de hipnotizar sua paciente, Freud simplesmente lhe perguntou: "Perguntei-lhe se se lembrava em que ocasião havia surgido a sensação do cheiro de torta queimada".[61] Para sua surpresa, o conhecimento do início do sintoma está perfeitamente disponível: "Oh, sim, eu o conheço com muita precisão. Foi há cerca de dois meses, dois dias antes do meu aniversário".[62] Em seguida, uma primeira cena com as crianças que começa com o recebimento de uma carta:

> *Reconheci pelo selo postal e pela caligrafia que a carta era de minha mãe, de Glasgow, e quis abri-la e lê-la. As crianças então se atiraram sobre mim, arrancaram-me a carta das mãos e gritaram: Não, você não pode lê-la agora; com certeza, é pelo seu aniversário, vamos guardá-la para você. Enquanto as crianças brincavam assim à minha volta, espalhou-se de repente um odor intenso. As meninas haviam deixado a torta cozinhando e ela queimara. Desde então esse odor me persegue, na verdade está sempre comigo e se torna mais forte quando me inquieto.*[63]

60 S. Freud, *Estudos sobre a histeria*, *OCF* 2, São Paulo, Companhia das Letras, 2016, p. 163.

61 *Ibid.*, p. 108.

62 *Ibid.*

63 *Ibid.*, p. 109.

O sintoma olfativo traz o traço do conflito que divide a jovem mulher entre o afeto que ela sente pelas crianças e o dever filial que a chama para sua mãe doente: "O conflito dos afetos havia elevado o momento à condição de trauma e, como símbolo deste, ficara-lhe a sensação olfativa a ele ligada".[64] O sintoma tem a função de um *memento* paradoxal: lembra constantemente o sujeito e não o deixa sozinho sem lhe dar acesso à memória enterrada. A conversão histérica resulta de um conflito entre moções contraditórias cujo sintoma tem um caráter simbólico. Mais tarde em *Estudos*, Freud descreve o caso de uma paciente chamada Rosalie, que sente um formigamento na ponta dos dedos e que parece ter sido forçada a massagear as costas de um tio que tinha tentado abusar dela.[65] A precisão às vezes aberrante do sintoma histérico codifica um conflito intrapsíquico na fronteira entre corpo e linguagem. Freud chamou este complexo mecanismo de "conversão por simbolização".[66]

No caso da "Miss Lucy R.", a exumação da cena da carta leva ao desaparecimento do sintoma inicial e sua substituição por outro sintoma olfativo: o cheiro da fumaça do charuto. Se um sintoma pode esconder outro, Freud deduz a hipótese de que esta nova manifestação traz a impressão mnemônica de outra cena traumática que ele está procurando. O mistério deste detalhe somático não é tão fácil de desvendar porque o paciente literalmente não sabe o que fazer com ele: "Nós fumamos todos os dias em nossa casa", disse ela, "eu realmente não sei se o cheiro que percebo indica uma ocasião particular".[67] O terapeuta não desiste de sua hipótese e consegue acionar uma memória que acaba tomando a forma de uma confissão por insistência e sugestão:

64 *Ibid.*, p. 109.
65 *Ibid.*, pp. 172-173.
66 *Ibid.*, p. 177.
67 *Ibid.*, p. 113.

> *Insisti então em que, sob a pressão de minha mão, tentasse se lembrar. Já mencionei que suas lembranças tinham vivacidade plástica, que ela era uma "visual". De fato, sob minha instância, emergiu-lhe uma imagem, de início vacilante e apenas fragmentária. Era a sala de jantar da sua casa, onde esperava com as crianças até que os senhores viessem da fábrica para o almoço. – "Agora estamos todos sentados em volta da mesa: os senhores, a francesa, a governanta, as crianças e eu. Mas é como em todos os dias." – "Apenas continue a olhar para a imagem, ela vai se desenvolver e ficar mais específica." – "Sim, há um convidado, o contador chefe, um velho senhor que ama as crianças como se fossem seus próprios netos, mas ele vem com muita frequência para o almoço, isso também não é nada especial." – Apenas tenha paciência e olhe para a imagem, algo seguramente acontecerá." – "Nada acontece".*[68]

A narração literal da cena da anamnese é tão exemplar quanto seu conteúdo. O interrogatório do terapeuta, feito em sua forma dialógica, está em todos os aspectos de acordo com o do detetive que pretende trazer à tona a verdade oculta. Entretanto, como em um romance policial, o caso se torna ainda mais complicado justamente quando parece estar prestes a ser resolvido. De fato, a cena descoberta é um tanto decepcionante e não é suficiente para trazer à tona:

> *Nós nos levantamos da mesa, as crianças devem se despedir e em seguida, como todos os dias, sobem conosco ao segundo andar. – "Então?" – De fato, é mesmo uma ocasião especial, agora reconheço a cena. Quando as crianças se despedem, o contador-chefe quer beijá-las.*

68 *Ibid.*

> *O patrão se exaspera e grita-lhe abertamente: "Não beije as crianças!". Isso me dá uma pontada no coração e, como os senhores já fumavam, fica-me na memória a fumaça dos charutos.*[69]

O atentado ao pudor contido não explica completamente o desencadeamento da inscrição traumática em Miss Lucy R. Freud é forçado, como sua dupla de romancistas que são Holmes ou Dupin, a imaginar uma hipótese lógica adicional, ainda que inesperada: que este segundo sintoma olfativo preserva o arquivo de uma inscrição traumática ainda mais antiga. Desta vez, é Freud quem narra a cena original que confirma sua intuição:

> *Outra vez, alguns meses antes, sucedera que uma senhora amiga fora visitá-los e, ao despedir-se, beijara as duas crianças na boca. O pai, que estava presente, conteve-se muito bem para não dizer nada à dama, porém, quando ela partiu, sua fúria irrompeu sobre a infeliz preceptora. Declarou-lhe que a responsabilizaria se alguém beijasse as crianças na boca, que era sua obrigação não tolerar isso e incorreria em negligência de seus deveres se o consentisse. Se isso voltasse a ocorrer, ele confiaria a educação das crianças a outras mãos. Era a época em que ela ainda se acreditava amada e esperava por uma repetição daquela primeira conversa amigável. Essa cena minou suas esperanças.*[70]

Freud é obrigado a "ventriloquizar" o raciocínio de sua paciente porque a narração da cena cronologicamente anterior não é suficiente para estabelecer uma conexão imediatamente óbvia com a

69 *Ibid.*

70 *Ibid.*, p. 114.

anterior: "Se por um assunto tão pequeno em que, além do mais, sou completamente inocente, ele pode exasperar-se comigo desse modo e fazer-me tais ameaças, então me enganei, ele nunca teve por mim um sentimento mais cálido".[71] O raciocínio histérico da mulher está decididamente em consonância com o das heroínas finas e sensíveis dos romances de Austen que ela provavelmente leu. No entanto, o véu não é totalmente levantado no caso dos beijos às crianças: as duas últimas cenas trazem de fato este significante comum que desencadeia no pai uma reação cuja violência permanece em grande parte inexplicável. Este outro detalhe incidental que aparentemente só interessa à Miss Lucy R. – a questão da sedução das meninas por seu pai – poderia ter colocado o detetive-terapeuta no rastro de um caso não menos fascinante ao qual ele voltará no momento em que renuncia a sua *neurotica* em 1897.

De qualquer forma, a anamnese do conflito e da complexidade dos efeitos na chamada cena mais antiga torna possível levantar o mecanismo de defesa do Ego e a resultante conversão histérica que provoca o sintoma. O enigma policial resolvido, o caso da Miss Lucy R., é sem remanescente, nem sintoma persistente, lembrando por meio disso o otimismo terapêutico de Breuer no caso de Anna O. Um epílogo é fornecido por Freud com o objetivo de convencer o leitor da eficácia da cura e da validade da hipótese teórica que a sustenta: "Todo o tratamento se estendera por nove semanas. Quatro meses mais tarde, encontrei casualmente a paciente numa de nossas estâncias de verão. Ela estava alegre e confirmou a persistência de seu bem-estar".[72]

O mínimo que podemos dizer é que o acaso da vida – como inevitavelmente é o caso na ficção – funciona bem e permite que o terapeuta garanta a eficácia prolongada de seu tratamento.

---

71 *Ibid.*

72 *Ibid.*, p. 115.

Complicações narrativas

O terceiro caso freudiano não deixa de ter vínculos com o precedente das ligações sutis na relação – mascarada – com a figura paterna bem como no prazer romanístico que a escrita da clínica manifesta. A cura instantânea de Katharina, que segue o epílogo anteriormente mencionado, também abre com um inesperado "encontro" para o qual a ficção tem um segredo:

> *Nas férias do ano de 189, fiz uma excursão aos Hohe Tauernaaa para esquecer por um momento a medicina e, particularmente, as neuroses. Quase o conseguira, no dia em que abandonei a estrada principal, para subir uma montanha algo afastada, que se tornou célebre como mirante e por seu bem cuidado abrigo. Chegado ao cimo, após fatigante caminhada, estava sentado ali, revigorado e descansado, imerso na contemplação de um panorama encantador, tão esquecido de mim que, quando escutei a pergunta, inicialmente julguei que não me dizia respeito: "O senhor é médico?". Mas a pergunta se endereçava a mim, e vinha da moça de cerca de dezoito anos que na refeição me servira com semblante aborrecido e a quem a estalajadeira chamara "Katharina".*[73]

Neste pitoresco *incipit*, o narrador-terapeuta se retrata humoristicamente como perseguido pela neurose até o topo dos picos, onde Freud buscou um merecido descanso. Desde as primeiras linhas do caso, porém, ele aparece como o incansável detetive da psique, reunindo todas as pistas que recolheu passivamente para estabelecer o personagem da futura paciente e o quadro clínico da doença.

---

73 *Ibid.*, p. 119.

Freud interroga incansavelmente a histérica em busca dos misteriosos detalhes que o colocariam na pista. Um deles – uma alucinação – poderia ser encontrado em um romance gótico:

> *Sim, sempre vejo um rosto pavoroso que olha para mim assustadoramente, tenho medo dele então." Aí se oferecia talvez um caminho para se avançar rapidamente ao cerne da coisa.*[74]

Ficará claro no decorrer desta cura-*flash* que o rosto deste homem não é outro senão o do "tio" que repetidamente tentou abusar sexualmente da garota. Na reimpressão dos *Estudos* de 1924, Freud retornou a essa informação para revelar que este homem era de fato o pai da paciente. O psicanalista reconhece em uma nota que este ponto não é mero detalhe narrativo – sem comparação com "a mudança brusca de um estado para outro"[75] –, mas exigiria uma revisão total de interpretação do caso sob o prisma do incesto paterno.

Na esteira do caso "Miss Lucy R.", confirma-se a necessidade de um retorno à cena original mais profundamente reprimida. No entanto, no caso de "Katharina", as cenas enterradas não estão mais estritamente ligadas umas às outras. Assim que é estabelecida, a bela mecânica causal parece se desfazer. Uma cena sexual esconde outra cujo potencial traumático é ativado no que Freud descobrirá graças ao caso "Emma" (1895) como um pensamento posterior: "Mas em seguida, para meu espanto, ela abandonou esse fio e começou a contar duas séries de histórias mais antigas, que remontavam a dois, três anos antes do momento traumático".[76] As cenas têm o efeito de serem contíguas sem que o sujeito compreenda o porquê:

74 *Ibid.*, p. 120.
75 *Ibid.*, p. 154.
76 *Ibid.*, p. 148.

> *Naquela ocasião ela trazia consigo duas séries de vivências, de que se lembrava, mas não compreendia e não aproveitava para nenhuma conclusão; ao ver o casal copulando, ela estabeleceu prontamente a ligação da nova impressão com essas duas séries de reminiscências, e começou simultaneamente a compreender e se defender.*[77]

Freud esclarece a relação entre estas duas séries, estabelecendo o elo traumático que falta, o do ataque: "O enigma foi assim resolvido, o que a enojou não foi a visão do casal, mas uma memória que esta visão despertou nela, e, tudo considerado, só poderia ser a memória do ataque noturno, quando ela 'sentiu o corpo de seu tio'".[78] O caso de Katharina é mais complexo e menos linear do que o anterior: cabe ao analista-detetive restaurar a ordem em sua história. A saúde psíquica restaurada se funde com uma diegese cuja sequência lógica e cronológica é restaurada. A catarse da qual deriva o método que Freud aprendeu com Breuer é inseparável de outro conceito aristotélico: o de "uma ação que forma um todo"[79] – outro nome para a trama – e que, segundo a recomendação do capítulo XXIII da *Poética*, deve ter "um começo, um meio e um fim".[80] A cura de Katharina revela que a histérica sofre em sua lembrança de um desencadeamento da linha do tempo e do caos em sua narrativa.

Em direção de uma mudança de paradigma

O último caso freudiano, o da "Srta. Elisabeth von R.", segue os casos anteriores, mas também rompe com eles, prefigurando o tratamento

77 *Ibid.*, p. 125.
78 *Ibid.*
79 Aristóteles, *La Poétique*, *op. cit.*, p. 119.
80 *Ibid.*

de Dora. A postura do terapeuta como detetive é agora configurada como um método clínico:

> *Assim, nessa primeira análise completa de uma histeria, por mim empreendida, cheguei a um procedimento que mais tarde elevei a método e empreguei deliberadamente, um procedimento de remoção do material psíquico patogênico por camadas, que gostávamos de comparar à técnica de escavação de uma cidade soterrada. Primeiramente, fazia com que a doente me contasse o que sabia e reparava cuidadosamente onde uma conexão permanecia enigmática, onde parecia faltar um elo na cadeia causal; depois penetrava em camadas mais profundas da lembrança, fazendo agir naquele lugar a investigação hipnótica ou uma técnica similar. O pressuposto de todo o trabalho era naturalmente a expectativa de que uma determinação perfeitamente suficiente se verificasse. Logo falaremos dos meios para a investigação profunda.*[81]

A paciente do último caso nos estudos sofreu de dor nas pernas e dificuldade para andar. Ela tinha 24 anos e tinha sofrido a perda de seu pai, de sua mãe e depois de uma irmã casada que morreu de doença cardíaca após dar à luz. Apesar de uma introdução menos rica do que as anteriores, a história da Srta. Elisabeth von R. lida com uma questão que é de grande interesse para a ficção – o sigilo e a resistência psíquica: "Desde o início me pareceu provável que a srta. Elisabeth fosse consciente das razões de seu sofrimento; que, portanto, tivesse na consciência apenas um segredo e não um corpo estranho".[82] A atitude de detetive opera assim em um duplo nível: Freud está

81 S. Freud, *Estudos sobre histeria*, *OCF* 2, São Paulo, Companhia das Letras, 2016, p. 133.

82 *Ibid.*, p. 132.

buscando as determinações básicas de conversão ao mesmo tempo que deve tentar obter o que ele chama de "esclarecimentos decisivos"[83] da paciente sobre pontos que ela recusa revelar. A mulher histérica não é mais uma água transparente na qual basta que o psicanalista leia: ela sofre de uma causa invisível da qual uma parte não lhe é desconhecida. Por astúcia[84] e perseverança, Freud acaba levando à tona um pensamento proibido e que era ainda mais culpabilizante porque a irmã da paciente tinha morrido tragicamente da doença: "Assim e não de outra forma sucedera. Essa moça dedicara a seu cunhado uma terna inclinação, mas todo seu ser moral se opunha a admiti-la em sua consciência".[85] O caso confirma o quanto os aborrecimentos na vida amorosa da paciente – a contemporaneidade do evento do despertar para o amor e o evento da morte do pai, a proibição da união amorosa com o cunhado e, nesse caso, a culpa sentida com a morte da irmã – pesou sobre o desencadeamento de sua doença e reforça a hipótese da etiologia sexual da histeria.

A tese do incidente traumático que Freud apoia para explicar a formação do sintoma está ligada aqui com a da estrutura iterativa e episódica da doença:

> *Portanto, precisamente esses momentos devem ser qualificados como "traumáticos"; neles houve a conversão cujos resultados são a cisão da consciência e o sintoma histérico. Na srta. Elisabeth V. tudo aponta para uma pluralidade de tais momentos (as cenas do passeio, da meditação matinal, do banho, junto ao leito da irmã).*[86]

---

83 *Ibid.*, p. 176.

84 "Pouco a pouco, aprendi a utilizar essa dor despertada como bússola; quando ela se calava mas ainda admitia dores, eu sabia que não dissera tudo e instava-a a prosseguir a confissão, até que a dor fosse removida pela fala." *Ibid.*, p. 141.

85 *Ibid.*, p. 149.

86 *Ibid.*, p. 159.

Embora a cena continue sendo o local do trágico evento, a lógica mecânica da sequência de encenações é limitada neste caso. Diante da "pluralidade destes momentos traumáticos",[87] e a multiplicidade de fatores, Freud tem que abandonar o modelo da única cena original destacada no caso da "Miss Lucy R." Embora este ponto seja tudo menos secundário, Freud não se abre ao leitor a tal ponto que seu abandono poderia passar despercebido: o esquema monocausal é sucedido por um esquema de tipo plurifatorial. Esta descoberta prefigura a hipótese do que ainda não é chamado de repressão, mas é formulada em termos da "clivagem da consciência e do sintoma histérico".[88] A compreensão do mecanismo de inscrição traumática se afina: "A pluralidade destes momentos traumáticos é possibilitada pelo fato de que uma experiência vivida semelhante à que introduziu a representação irreconciliável traz uma nova excitação ao grupo psíquico separado e, assim, substitui temporariamente o resultado da conversão".[89] Freud descobre a função de repetição do recalcado e a carga de excitação associada que cada novo incidente desperta. O sintoma continua a se oferecer a uma descodificação complexa. A dor na perna refere-se a uma dupla origem: ao pai a quem sua paciente vigiava noite e dia ("o lugar onde todas as manhãs a perna do pai era colocada quando ela trocava os curativos"),[90] mas também a um episódio de *rêverie* relacionado ao amado cunhado ("Ela se sentou ali sobre uma pedra e sonhou novamente com uma vida feliz como a que havia sido com a sua irmã [...]. Ela se levantou com dores.").[91]

O paradigma de uma causalidade cênica e diegética dá imperceptivelmente lugar a um paradigma de tipo dinâmico e pré-verbal.

---

87 *Ibid.*

88 *Ibid.*

89 *Ibid.*, p. 168

90 *Ibid.*, p. 177.

91 *Ibid.*, p. 171.

Uma cena se diferencia[92] na história da doença, mas não tem mais o *status* de um único desencadeamento: era uma caminhada – com o cunhado quando a irmã já estava doente – da qual a paciente tinha voltado sentindo uma dor violenta. O questionamento permite estabelecer as circunstâncias e acima de tudo a impressão que a jovem mulher tinha experimentado:

> *À pergunta sobre o que, nesse passeio, poderia ter provocado as dores, obtive a resposta, não de todo transparente, de que lhe fora doloroso o contraste entre seu isolamento e a felicidade conjugal da irmã doente, que a conduta de seu cunhado não cessava de evidenciar ante seus olhos.*[93]

A conversão histérica consiste em uma transferência da carga de excitação: o caráter "muito doloroso" do afeto inconfessável foi transferido para uma parte do corpo. A somatização opera um deslocamento de energia psíquica em um modo simbólico, mas não verbalizável. No caso de "Elisabeth von R.", Freud explora os mistérios da gênese do sintoma na articulação artística entre psique e soma. A mulher histérica, por meio de sua conversão, revive metáforas de natureza emocional que passaram ao uso comum ao longo dos séculos:

> *Como chegaríamos a dizer de uma pessoa ofendida: "deu-lhe uma pontada no coração", se a ofensa não fosse de fato acompanhada por uma sensação precordial assim interpretável e não fosse reconhecível por ela? [...] a histeria age acertadamente quando restabelece para suas inervações mais intensas o sentido original da palavra.*[94]

---

92 *Ibid.*, p. 171.
93 *Ibid.*, p. 144.
94 *Ibid.*, p. 171.

Freud descobre que o corpo da mulher histérica não conta simplesmente uma história com um começo, um meio e um fim, mas fala uma linguagem contrariada e simbólica: o que ela não consegue expressar verbalmente "toma corpo" à sua custa. O modelo monomórfico da trama parece ter existido mesmo antes da conclusão do último caso freudiano nos *Estudos*, como muitas vezes acontece, e Freud não hesitou em abandonar um modelo teórico obsoleto para adotar outro que ele considerava mais apropriado para uma compreensão fina e complexa da psique. Este modelo que presidiu a redação do primeiro caso, por mais eficaz que seja do ponto de vista heurístico, tem várias desvantagens importantes: a da redução de uma sintomatologia a uma narratologia explicativa, do funcionamento da psique a uma causalidade impulsionada por eventos, a da ilusão de uma mecânica simples e perfeita que mascara a complexidade entrelaçada das causas e dos efeitos, dos fatores e dos fios da vida psíquica cujo entrelaçamento, mesmo que parcialmente desvendado, não termina.

O gênero do romance policial forneceu a Freud um quadro narrativo, explicativo e causal: permitiu-lhe contar uma história de um paciente no contexto de uma história de cura, gerar uma doença e a formação do sintoma, trazer à tona os efeitos inexprimíveis, identificar os pontos nodais da trajetória mórbida. A ficção detetive produz um tipo científico de discursividade que articula cadeias de razões a situações contingentes e inscreve um tipo determinístico de lógica no coração da ação. Por meio da narrativa novelista, a pré-história da psicanálise apresenta um modelo descritivo e racionalista, defende uma lógica da psique e demonstra sua eficácia no processo de elucidação e prova de um resultado sintomático.

A dívida freudiana do primeiro caso escrito para o romance policial, e em menor grau para o *romance*, não é pequena. Jacques Lacan entendeu isso corretamente no "Seminário sobre *A carta roubada*",[95] quando identifica o personagem do detetive Dupin com a pessoa do analista. Nos *Estudos sobre a histeria*, Freud explora os meios de um gênero literário que, além do mais recente, permite uma investigação psicológica bem como uma arqueologia traumática, mas logo percebe os limites epistemológicos de tal narrativa, que fecha e desvenda os enigmas do sintoma e os conflitos da psique de uma maneira simples e unívoca.

A ficção policial, que é a condição de verificação da formação da histeria, arrisca, ao idealizar e simplificar a sistemática do funcionamento psíquico, levar a teoria psicanalítica a um beco sem saída. A experiência do inconsciente não é linear nem mecânica, embora seja lógica: com "Dora", o primeiro caso de uma psicanálise nascente, o paradigma narrativo da escrita de casos muda irreversivelmente. O romance vitoriano se decompõe no "romance Edwardian fracassado", como sugere Peter Brooks,[96] ou mesmo como um romance modernista cuja trama é pulverizada pelo evento da transferência.

Em sua introdução ao "Fragmento de uma análise de histeria", o título do caso "Dora", Freud se defende vigorosamente contra a tentação de um tipo muito particular de trama. Ele ataca violentamente aqueles entre seus colegas que procuram levantar o segredo da identidade de seu paciente: "Bem sei que – nesta cidade, ao menos – existem muitos médicos que (coisa bem revoltante) não veem em tal história clínica uma contribuição à psicopatologia da neurose, mas um *roman à clef* destinado à sua fruição particular".[97] O psicanalista tenta antecipadamente impedir a possibilidade de uma leitura insidiosa de um desvio do objetivo da apresentação

95 J. Lacan, "Le séminaire sur *La Lettre volée*", *in Écrits*, Paris, Le Seuil, 1966.

96 P. Brooks, *Psychoanalysis and Storytelling*, Oxford, Blackwell Publishers, 1994, p. 50.

97 S. Freud, *Análise fragmentária de uma histeria*, *OCF* 6, São Paulo, Companhia das Letras, 2016, p. 177. Grifo meu.

clínica. No entanto, é difícil não se deter na expressão "*roman à clef*" (romance com chave).

O *roman à clef* – mesmo que seja o grau zero do romance – é, no entanto, um romance. Ele pressupõe a ocultação de uma intimidade velada, objeto de um gozo que Freud considera neste caso lascivo e indecente. A defesa de Freud contra este uso antiético do relatório do caso é compreensível. Examinando melhor, no entanto, a referência ao *roman à clef* no contexto particular do caso "Dora" pode ser iluminada com um significado completamente diferente que Freud provavelmente não havia pensado, se relacionarmos sua definição genérica com a descoberta que o primeiro caso de psicanálise carrega: o da transferência. Após a partida de Dora e a elaboração retrospectiva do tratamento, Freud escreve este último e é de fato obrigado a se questionar sobre o lugar que ocupava na transferência ou a colocá-lo mais prosaicamente sobre a pessoa na comitiva de Dora que ele representava para ela durante o tratamento. A identificação da transferência que Freud descobre com Dora é de fato semelhante à busca de uma chave – a chave do romance do inconsciente – capaz de resolver o enigma de um mistério não menos complexo.

3. "O Homem dos Lobos" ou o apelo ao crer

No início foi o ato.

Goethe, *Faust I*, v. 1238, citado por Freud em *Totem e tabu*

No último caso publicado, "A partir de uma história de neurose infantil" (1918), Freud defende a realidade de uma cena infantil da qual o paciente não se lembra, mas que pode ser reconstruída a partir de um sonho de infância. Com o tratamento do Homem dos Lobos, ele parece ter levado a escrita de casos a seu paroxismo e chegou a um ponto de não retorno na prova clínica da hipótese de inconsciência. Após esta cura, embora Freud tenha continuado a comunicar sua clínica, ele praticamente cessou[1] de publicar formalmente longos estudos de caso. Para atingir seus fins demonstrativos em "O Homem dos Lobos", Freud apela para nada menos que a adesão de seus leitores. Na outra ponta do espectro da escrita casual, o último relato freudiano de uma cura, sem renunciar a nenhuma de suas ambições científicas, implementa

---

1 Com exceção do chamado caso da "jovem homossexual": "Sur la psychogénèse d'un cas d'homosexualité féminine" (1920).

uma argumentação baseada na confiança e voltada para a convicção. A propensão analítica para voltar à origem e descobrir a causa determinante da neurose leva a escrita clínica ao seu limite, no duplo sentido de ser insuperável e impossível.

De uma cura a outra

O caso de "O Homem dos Lobos" ecoa nos *Estudos sobre a histeria* em um aspecto: o tratamento de Sergei Pankejeff está inteiramente centrado no evento patogênico que o psicanalista interpreta e deduz do material do sonho. É como se, diante do Homem dos Lobos, Freud estivesse voltando à busca de detetive pelo evento patogênico original. No entanto, as condições da investigação foram singularmente transformadas: a prática da interpretação dos sonhos e a descoberta do lugar da sexualidade infantil guiam agora seus passos. No presente caso, Freud toma o caminho de uma cena primordial, não a cena da sedução, como no caso "Dora", mas a cena original por excelência, a do coito parental e dos efeitos trágicos que carrega consigo e da qual o sonho do Homem dos Lobos guarda o arquivo. A diferença entre o Homem dos Lobos e as histéricas dos *Estudos* epônimos é considerável: o material sobre o qual o psicanalista trabalha não é mais a memória pré-consciente despertada sob a hipnose, mas o sonho que preserva a memória sob rasuras do infantil. De agora em diante, trata-se de trazer à luz um evento primitivo de natureza sexual cuja realidade Freud quer reconstituir e confirmar.

Nos *Estudos sobre a histeria*, os pacientes que o jovem neurologista tentou tratar com hipnose puderam recordar cenas esquecidas: "Você vê esta cena claramente diante de você? Em termos concretos, como eu o experimentei. O que foi que o deixou tão entusiasmado?".[2]

2 S. Freud, *Estudos sobre a histeria*, *OCF* 2, São Paulo, Companhia das Letras, 2016, p. 107.

O que constituía a cena como tal era seu aspecto de trauma, a "emoção" da qual guardava a marca, o conflito de efeitos que levava a seu paroxismo e que a constituía como um quadro. A teoria da sedução, cuja hipótese governou os *Estudos sobre a histeria*, estava inseparavelmente ligada à busca de um evento patogênico que tomou a forma de uma cena. No caso de "O Homem dos Lobos", o trauma continua a ter uma origem cenográfica. A cena que visa a lembrança dos *Estudos sobre a histeria* ou a reconstituição no caso de "O Homem dos Lobos" tem uma dimensão dramática inexpugnável. A forma cênica do conteúdo é baseada no caráter reprimido do trauma, do qual o *Urszene*, a cena primordial, é o paradigma.

O princípio da determinação traumática dos afetos neuróticos descoberto em um estágio inicial, mesmo antes de Freud ter inventado o tratamento analítico, orienta toda a sua pesquisa. Entretanto, o tratamento psicanalítico não é o hipnótico: o material que a análise procura encontrar é elegível pela anamnese. A prática de interpretação e reconstrução prevaleceu sobre a abordagem detetive e semiológica: agora corresponde à necessidade clínica e teórica, terapêutica e probatória de traçar a origem real do trauma. Vários experimentos clínicos confirmam Freud em sua busca por uma realidade objetiva – uma realidade que tem o *status* de uma cena, seja ela uma novela como a cena histérica nos *Estudos sobre a histeria* ou uma mítica, como a cena filogenética do assassinato do pai da horda – da qual os sujeitos retêm uma impressão psiquiátrica de que não se lembram, inacessível, mas intacta e ativa. Este é o caso de "O Homem dos Lobos".

O alicerce do evento

No caso de "O Homem dos Lobos", Freud baseia sua interpretação do sonho e das origens da neurose infantil do paciente na realidade inatacável da cena entre os pais. O *status* do evento ocupa um lugar na psicanálise freudiana que é tanto crucial quanto problemático. "O Homem dos Lobos" leva Freud a lutar contra o *status* da realidade traumática infantil da qual resultam a fantasia e o sintoma, e, finalmente, contra o *status* da realidade em psicanálise, como sugere Laplanche.[3]

Em 1915, ele observou:

> *A observação do ato sexual dos pais é um elemento que falta raramente no repertório das fantasias inconscientes que, mediante a análise, podem ser encontradas em todos os neuróticos, provavelmente em todas as pessoas. Chamo essas fantasias, as da observação do comércio amoroso dos pais, da sedução, da castração e outros, de fantasias primárias.*[4]

No caso de Sergei Pankejeff, porém, Freud desiste da noção de fantasia original para concentrar-se na demonstração e na verificação da realidade da cena primitiva: a noção de *Urphantasien* não aparece no tratamento do Homem dos Lobos. Laplanche e Pontalis insistem na parte do próprio desejo de Freud que reside na busca da origem em sua teoria:

> *Na noção de fantasia originária, confluem o que se pode chamar do desejo de Freud de descobrir o alicerce do*

---

3 "Pois em qualquer caso, e Freud é obrigado a admitir isto, em qualquer história de um paciente, a cena original não pode estar presente em sua totalidade e em todos os seus detalhes. A realidade é sempre neste sentido lacunar." J. Laplanche, *Problématiques VI, L'après-coup,* Paris, PUF, 2006, p. 153.

4 S. Freud, "Comunicação de um caso de paranoia que contradiz a teoria psicanalítica", *OCF* 12, São Paulo, Companhia das Letras, 2010, p. 152.

> *evento (e, se ele se apaga na história do indivíduo à força de ser refratado e desmultiplicado, retroceder-se a mais e mais...) e a exigência de basear a estrutura da própria fantasia em alguma outra coisa que não o evento.*[5]

É em torno do alicerce do evento que gira o caso de "O Homem dos Lobos".

Um caso entre incredulidade e convicção

Já no caso "Dora", Freud concebeu a escrita de casos como indispensável e difícil. Este último caso está dividido entre sua exigência de veracidade e a impossibilidade de o analista dar um relato literal da experiência do tratamento por razões éticas, práticas e teóricas. No início de "Análise fragmentária de uma histeria", quando Freud confessa suas dificuldades em transcrever o conteúdo – e a forma – do tratamento, ele especifica: "Portanto, o registro não é absolutamente – fonograficamente – fiel, mas pode reivindicar um alto nível de confiabilidade".[6] É entre estes dois termos – fidelidade relativa, fiabilidade rigorosa –, cada um dos quais comporta a raiz latina *fides* – confiança, crédito, boa-fé, palavra dada –, que a redação do caso rompe. Desde "Dora", Freud pede a confiança e a indulgência de seus leitores. A confiança que ele requer é de uma natureza não tão estranha àquela que liga o psicanalista a seus pacientes. Narrar não é uma tarefa fácil nem para o analista nem para a mulher histérica. Freud considera que a dificuldade em contar a própria história faz parte do estado mórbido: "A incapacidade dos pacientes de apresentar sua história de vida de forma ordenada, na medida em que coincide

---

5 J. Laplanche e J.-B. Pontalis, *Fantasia originária, fantasia das origens, origens da fantasia*, Rio de Janeiro, Jorge Zahar, 1988, p. 51.

6 S. Freud, "Análise fragmentária de uma histeria", *OCF* 6, São Paulo, Companhia das Letras, 2016, p. 178.

com a história de sua doença, não só é característica da neurose, mas também tem grande significado teórico".[7] Caracterizada pelo recalque (amnésia), bem como pela defesa consciente (insinceridade), a neurose é por definição inenarrável. Quanto ao psicanalista, sua dificuldade em escrever a história do caso deve-se à sua posição na transferência e à distorção que isso implica. A narrativa deste caso procede de uma dupla e insuperável dificuldade: a de transcrever o inconsciente e a transferência cujo acontecimento não é simplesmente compreensível nem enunciável. A respeito da "sucessão temporal de eventos", que caracteriza qualquer narrativa digna desse nome, Freud comenta: "Esta sempre se mostra o componente mais vulnerável do acervo da memória, o mais facilmente sujeito à repressão".[8]

"O Homem dos Lobos" começa com um aviso incomum:

> *análises como esta não são publicadas para despertar convicção nos que até agora exibiram descaso ou descrença. Esperamos apenas transmitir algo de novo aos pesquisadores que já adquiriram convicções por experiência própria com os doentes.*[9]

Freud justifica sua hesitação pela natureza do material do caso: "Mas muitos detalhes me pareceram tão curiosos e incríveis que eu estava relutante em pedir aos outros que acreditassem neles".[10] O caso de "O Homem dos Lobos" é imediatamente colocado sob a dupla bandeira da incredulidade e da convicção – incredulidade e convicção que é compartilhada tanto pelo leitor quanto pelo paciente. Os leitores familiarizados com o trabalho não se surpreenderão com o recurso habitual de Freud a uma retórica de persuasão. No

7 *Ibid.*, p. 197.

8 *Ibid.*, p. 198.

9 S. Freud, "História de uma neurose infantil", *OCF* 17, São Paulo, Companhia das Letras, 2014, p. 15.

10 *Ibid.*, p. 10.

entanto, trata-se aqui do psicanalista negociando uma passagem em particular perigosa, naturalmente inseparável da dificuldade de sustentar o inconsciente como uma hipótese.

No tratamento, o sonho cuja interpretação é decisiva para a compreensão do caso se encontra na seção IV: "O sonho e a cena original". Comunicado precocemente pelo paciente ao analista, o sonho é imediatamente considerado por Freud como essencial, mas só é interpretado nos últimos meses do tratamento. Esta intuição inicial do psicanalista é expressa em termos de autoconvicção: "O paciente relatou o sonho bem cedo, e logo partilhou *minha convicção* de que por trás dele se escondiam as causas de sua neurose infantil".[11] O elemento que mais chama sua atenção é "a tenaz sensação de realidade"[12] sentida pelo sonhador. Freud deduz que um "certo significado" corresponde a este sentimento, um significado que ele relaciona com uma "cena desconhecida".[13] Deve-se notar que é raro que, qualquer que seja o afeto presente em um sonho, seja levado em consideração por Freud, por causa do trabalho do sonho, que embaça e mascara, deslocando os afetos de uma representação para outra. *A interpretação dos sonhos* menciona assim um sentimento de realidade vivido por um homem adulto que se lembra de um sonho que teve aos 4 anos e do qual o psicanalista não tira nenhuma conclusão particular.[14] Desde o início, no caso de "O Homem dos Lobos", o sonho prende a atenção do intérprete e ocupa um lugar central em sua análise da neurose do paciente: ele tem o valor de um evento psíquico inegável e irreversível. Está em jogo a demonstração do "valor de realidade das 'cenas primordiais'".[15]

11 *Ibid.*, p. 32. Grifo meu.

12 *Ibid.*

13 *Ibid.*

14 S. Freud, *Interpretação dos sonhos*, *OCF* 4, São Paulo, Companhia das Letras, 2019, p. 381.

15 S. Freud, "A partir da história de uma neurose infantil", *OCF* 14, São Paulo, Companhia das Letras, 2010, p. 51.

A história do tratamento do Homem dos Lobos é baseada em grande parte no sonho de uma criança que carrega o arquivo deformado de uma memória traumática anterior e desencadeadora de uma neurose infantil. Sua interpretação está de acordo com a teoria geral dos sonhos: a da reativação onírica do material infantil recalcado. O que não pode deixar de atingir o leitor, no entanto, é a assertividade com que Freud traduz os pensamentos do sonho em eventos cênicos: "O que naquela noite foi ativado, a partir do caos de pistas mnemônicas inconscientes, foi a imagem de um coito entre os pais, em circunstâncias não muito comuns e bastante propícias à observação".[16]

Ao contrário dos *Estudos sobre a histeria*, Freud não relata aqui as diferentes etapas do tratamento em uma ordem cronológica. Os resultados obtidos na análise não são lineares nem monofatoriais. A partir do sonho, cada uma das associações não pôde ser preservada ou retranscrita *verbatim* durante todo o tratamento, portanto, Freud reconstrói uma cena de coito parental com uma precisão espantosa que beira o romanesco:

> *Combina com nossa suposição de um dia quente de verão em que os pais se tenham retirado, semidespidos, para uma sesta vespertina. Quando ele acordou, foi testemunha de um coito a tergo [por trás] repetido três vezes, pôde ver os genitais da mãe e o membro do pai, e compreendeu tanto o fato como a sua significação.*[17]

Freud renunciou à narrativa da história do tratamento: o texto do caso condensa a história da doença e ignora amplamente as condições prévias da anamnese dos dados infantis para se concentrar no sonho e no arquivo da cena parental, que ele torna acessível.

---

16 *Ibid.*
17 *Ibid.*, p. 35.

Consciente da incongruência produzida por tal descrição, Freud se defende imediatamente de qualquer "fantasia extravagante".[18] Ao mesmo tempo que apoia a necessidade da cena primitiva, ele procura tranquilizar seus leitores contra todo delírio: "asseguro ao leitor que não me coloco menos criticamente que ele ante a hipótese de uma tal observação por parte da criança, e *peço a ele que se junte a mim na decisão de crer* provisoriamente na realidade desta cena".[19] Este apelo é suficientemente singular na escrita do fundador da ciência analítica, um homem do Iluminismo, para justificar um olhar mais atento.

A razão pela qual o sonho ocupa um lugar tão preponderante é que ele contém a cena e constitui o único acesso indireto a ela: "O que tinha de levar ao conteúdo dessa cena eram os fatores que o sonhador havia destacado no conteúdo manifesto do sonho: o olhar atento e a imobilidade".[20] Esta cena não é uma memória, mas uma reconstrução: "tais cenas infantis não são, no tratamento – até onde vai minha experiência –, reproduzidas como lembranças, são resultados da construção".[21]

Freud dá uma tradução – a título de interpretação – das sucessivas declarações do sonho: esta é sem dúvida a passagem mais edificante do texto. "*De repente, a janela se abre por si só.* A ser traduzido. De repente, eu acordo por mim mesmo, memória da cena original."[22] O formidável trabalho de interpretação do sonho consiste em uma tradução exaustiva do conteúdo manifesto do sonho não em seu conteúdo latente, mas – mais extraordinário em uma análise do sonho – nos termos de uma cena chamada "cena desconhecida".[23] De fora do tratamento e da relação de transferência, esta operação

18 *Ibid.*, p. 37.
19 *Ibid.*, p. 37. Grifo meu.
20 *Ibid.*, p. 33.
21 *Ibid.*, p. 48.
22 *Ibid.*, p. 45.
23 *Ibid.*, p. 31.

interpretativa pode parecer eminentemente discutível – ainda que certos elementos se tornem mais claros sob o efeito de certas leituras[24] –, mesmo se Freud toma o cuidado de assinalar que esta tradução transcreve, para fins de transmissão, "um equivalente para a força demonstrativa de uma análise".[25] A reconstituição assim produzida é o resultado da análise: ela foi pacientemente elaborada e confirmada no decorrer do tratamento pelas associações de analistas e pelas interpretações do analista.

O conteúdo latente que Freud traz à luz excede o único desejo que o sonho realiza – a satisfação do pai – e se destina quase exclusivamente às raízes traumáticas da cena. Teoricamente composto de restos diurnos, memórias de infância, impressões corporais, alusões à situação transferencial, o conteúdo latente é aqui inteiramente composto de – esta é a tese freudiana – uma cena de infância única e inesquecível cuja imagem distorcida aparece apenas sob a forma de material de sonho desfigurado. Freud também afirma: "cena (evito propositadamente a palavra 'recordação')".[26] A interpretação do sonho participa plenamente da investigação analítica: "O que tinha de levar ao conteúdo dessa cena eram os fatores que o sonhador havia destacado no conteúdo manifesto do sonho":[27] o sonho é autêntico na medida em que prova a realidade da cena e da lei, em que seus efeitos traumáticos – o que Freud chama de "a inteligência da castração"[28] como condição de satisfação sexual pelo pai – desencadeiam a neurose infantil. Em *A interpretação dos sonhos*, ele argumenta que o sonho é uma oportunidade para o sonhador

24 A afirmação "Eles são inteiramente brancos" encontra de fato na análise de Freud – a relação com a roupa de cama dos pais e a roupa do corpo dos pais – uma solução que parece particularmente convincente.

25 *Ibid.*, p. 40.

26 *Ibid.*

27 *Ibid.*, p. 33.

28 *Ibid.*, p. 40.

revisitar os materiais infantis recalcados. O sonho do Homem dos Lobos torna possível especificar uma função suplementar do sonho da criança: a de ativar o conteúdo traumático. O sonho é marcado com o selo da posterioridade: "A cena atua posteriormente, e nesse ínterim, no intervalo entre um ano e meio e quatro, nada perdeu do seu frescor".[29]

Convocação a ser vista

No entanto, a interpretação do sonho do Homem dos Lobos não tem equivalente na obra freudiana. O conteúdo latente que é revelado consiste em um material infantil considerado real, o de uma cena traumática reconstituída diante dos olhos atônitos do leitor. O olhar ocupa um lugar tão central no sonho da criança quanto na história da cura. O livro infantil e o desenho da árvore sobre a qual os lobos estão empoleirados correspondem à cena primitiva oferecida ao leitor: "A única ação do sonho era a abertura da janela, pois os lobos estavam sentados bem quietos nos galhos da árvore, sem qualquer movimento, à direita e à esquerda do tronco, e olhavam para mim".[30]

O que Freud chama de "escopofilia" ou a vontade de olhar e que ele identifica com o prazer de possuir o outro por meio do olhar opera aqui em todas as direções, inclusive em direção do leitor convocado para ver.

A cena primitiva não o atinge sem razão: ela age sobre ele identificando-o com a posição da criança e convidando-o para uma cena de "prazer-desejo de olhar e de se exibir"[31] em que o olho, como

29 *Ibid.*, p. 40.

30 *Ibid.*, p. 29.

31 S. Freud, *Três ensaios sobre a teoria da sexualidade*, *OCF* 6, São Paulo, Companhia das Letras, 2016, p. 104.

observa Freud em *Três ensaios sobre a teoria sexual*, corresponde a uma zona erógena. A cena constituída pela descrição anatômica na qual os corpos dos pais estão envolvidos não é tão simplesmente oferecida ao olhar do leitor, por mais adulto que ele seja: ela o solicita e o traz de volta, apesar de si mesmo, às origens de seu desejo de conhecer, sua *libido sciendi*.

> *Ele então dormia em sua caminha, no quarto dos pais, e acordou à tarde, digamos que devido à febre montante, às cinco horas talvez, a hora depois marcada pela depressão. Combina com nossa suposição de um dia quente de verão em que os pais se tenham retirado, semidespidos, para uma sesta vespertina. Quando ele acordou, foi testemunha de um coito a* tergo *[por trás] repetido três vezes, pôde ver os genitais da mãe e o membro do pai, e compreendeu tanto o fato como a sua significação.*[32]

A narrativa que "torna visível a cena original" flerta com uma figura de linguagem que a tradição chama de "hipotipose", que consiste em "pin[tar] as coisas de uma maneira tão viva e enérgica que as coloca à frente dos olhos, por assim dizer, e torna uma história ou descrição em um quadro, uma pintura ou mesmo uma cena viva".[33]

Delírio de convicção?

Como podemos explicar a teimosia freudiana em apoiar a realidade da cena do coito parental? Por que o analista mantém sua intuição inicial aqui contra todas as probabilidades? Sua

---

32 S. Freud, "História de uma neurose infantil", *OCF* 14, São Paulo, Companhia das Letras, 2010, p. 36.

33 B. Dupriez, *Gradus. Les Procédés littéraires*, Paris, 10/18, 1984, p. 240.

convicção não é tão excessiva que se torna um sintoma e um sinal de algo mais? A convicção tem uma relação com a ilusão que o próprio Freud trouxe à luz em um dos primeiros textos de psicanálise aplicada, sua leitura de um romance de Wilhelm Jensen, *Gradiva* (1906). A clínica psicanalítica ensina que a convicção não é apenas um atributo da ilusão, mas que "em todo delírio há um grão de verdade, existe algo que realmente merece fé".[34] A convicção, se não for sempre sinônimo de verdade, está intimamente ligada a ela. A autoconvicção de Freud no caso de "O Homem dos Lobos", por mais próxima que seja da ilusão, não é falsa para tudo isso.

Freud demonstrou em *O delírio e os sonhos na* Gradiva *de Jensen* que a convicção está ligada ao delírio pelo efeito do recalque. A intensidade do "sentimento de convicção"[35] que acompanha a ilusão é explicada pelo fato de que "[o] verdadeiro elemento [...] há muito recalcado"[36] que consegue atravessar a barreira da censura e chega ao campo da consciência, marcado com o selo da repressão e assim deformado, deslocado, equivocado, é protegido contra todo ataque crítico. A ilusão não é o oposto do verdadeiro; é uma verdade inconsciente manchada por um erro que assina o processo deformador do recalque: "A convicção como que se desloca da verdade inconsciente para o erro consciente a ela vinculado".[37] A convicção reflete uma busca de compensação – "como por compensação",[38] diz Freud. Ele observa ainda que a convicção que ocorre em estados delirantes não é fundamentalmente diferente daquela encontrada em estados normais:

---

34 S. Freud, *O delírio e os sonhos na Gradiva*, *OCF* 8, São Paulo, Companhia das Letras, 2015, p. 71.

35 *Ibid.*

36 *Ibid.*

37 *Ibid.*

38 *Ibid.*

> *O modo como surgiu a convicção no delírio, que aqui descrevemos, não é fundamentalmente diverso da forma como a convicção se forma em casos normais, em que não entra a repressão. Todos nós ligamos nossa convicção a conteúdos de pensamento em que o verdadeiro se acha unido ao falso, e fazemos com que ela se estenda daquele para esse. Ela como que se difunde do verdadeiro para o falso que lhe está associado, protegendo este da crítica merecida, embora não tão obstinadamente como no delírio. Também na psicologia normal as relações — o gozar de uma proteção, por assim dizer — podem substituir o próprio valor.*[39]

Como podemos interpretar a convicção freudiana no tratamento do Homem dos Lobos à luz de sua teoria de convicção? O que Freud pretende defender em todos os sentidos da palavra é o elo fraco em sua interpretação sobre a qual repousa toda a tese do caso: a passagem do sonho para a cena primitiva e a exaustão do conteúdo manifesto do sonho na observação do coito parental. Ora, se esta relação permanece em grande parte impraticável, é precisamente por causa do recalque. O inconsciente é a ordem da não relação: as conexões que ele faz não são recuperáveis. O excesso freudiano de precisão e justificação da cena visa suprir – para compensar – o que não pode ser demonstrado sem um salto "lógico" e cronológico. O diabo da interpretação está em um detalhe ao qual Freud dá muita importância: a posição dos pais no coito *more ferarum* revela-se tão extravagante em seus detalhes cenográficos quanto é decisiva na formação do complexo de castração.

No seminário sobre os *Escritos técnicos*, Lacan diz que apoia Freud em sua análise da cena originária:

---

39 *Ibid.*, p. 71.

> *A posição copulatória só poderia ser restaurada a partir das consequências traumáticas sobre o comportamento atual do sujeito. Certamente há aqui reconstruções históricas pacientes bastante surpreendentes. Freud procede aqui como com monumentos, documentos de arquivo, por meio de críticas e exegese de textos. Se um elemento aparece em algum momento de uma forma elaborada, é certo que o ponto em que aparece é mais cedo. Freud consegue assim situar a data da cópula em questão.*[40]

Lacan vê no caso de "O Homem dos Lobos" uma abordagem arqueológica e exegética que é fundamental para a psicanálise. O sistema de datação do evento "originário"[41] convence plenamente. Ele até pensa – como Freud vislumbrou brevemente – que a cena pode ter acontecido quando o paciente tinha apenas 6 meses de idade. Ele adere à tese de Freud de que a cena só assume seu valor traumático no final do sonho da ansiedade que libera a carga traumática de uma cena cuja impressão, a *Prägung* – "este termo traz consigo a ressonância de uma batida, o golpe de uma moeda"[42] – se constitui apenas na posterioridade. Lacan compreende a questão crucial que a reconstituição de um arquivo traumático infantil representa para a psicanálise no que diz respeito à teoria do recalque e à compreensão do trauma como recalque original. Em outras palavras, o tratamento do Homem dos Lobos e a interpretação do sonho da criança – por mais espantoso que seja – não são para ele um capricho ou um delírio freudiano.

---

40 J. Lacan, *Le Séminaire Livre I. Les* Écrits *techniques de Freud*, Paris, Le Seuil, 1975, p. 213.

41 *Ibid.*, p. 214.

42 *Ibid.*

Cena de sedução ou cena real?

O caso de "O Homem dos Lobos" afirma a realidade que deve ser reconhecida nas primeiras cenas infantis. Desta forma, muito depois do abandono de sua *neurotica* em uma famosa carta a Wilhelm Fliess de 21 de setembro de 1897, Freud reabre a explosiva questão da sedução infantil e seu *status* real ou fantasioso. O leitor de "O Homem dos Lobos" tem o direito de se perguntar por que o presente caso ignora a noção de fantasia que Freud introduziu já em 1896 para compensar o problema em sua teoria inicial da sedução real: "Naquela época, eu ainda não entendia como distinguir as memórias reais das fantasias dos analisados sobre seus anos de infância",[43] Freud escreveu em uma nota datada de 1924 e inserida na reedição de "Novas considerações sobre psiconeuroses de defesa" (1896). Em 1897, ele apresentou sua renúncia à *neurotica* como o abandono de uma crença: "Não acredito mais em minha neurótica teoria das neuroses. De modo que começarei historicamente a lhe dizer de onde vieram as razões da descrença".[44] Entre as razões apresentadas para justificar sua mudança de perspectiva sobre a etiologia da histeria, a terceira dizia respeito à relação entre realidade e ficção: "O conhecimento seguro de que não há indicações de realidade no inconsciente, de modo que não se pode distinguir entre a verdade e a ficção que foram investidas pelo afeto. (Daí a solução que ficou foi que a fantasia sexual assume regularmente o tema dos pais.)"[45] Como podemos explicar o que parece ser uma inversão no caso de "O Homem dos Lobos"? O problema da prova do evento original é uma preocupação recorrente que nunca deixa de agitar Freud, embora esteja em aparente contradição com o princípio de indiferença entre fato e ficção no inconsciente que ele mesmo declarou. Em sua *Introdução à psicanálise* (1916), escrita logo após o caso "O Homem dos Lobos", ele

43 S. Freud, *OCF* III, *op. cit.*, p. 129.

44 S. Freud, "Carta de 21 de setembro de 1897", em *Cartas para Wilhelm Fliess*, Rio de Janeiro, Imago, 1986, p. 265.

45 *Ibid.*, p. 266.

observa que, ao conduzir o tratamento, o profissional convida o paciente a colocar "realidade e fantasia no mesmo nível" e não se preocupa "se os acontecimentos de sua vida de infância, que queremos elucidar, e como ele nos diz, são verdadeiros ou falsos".[46] O inconsciente, portanto, não conhece o critério da verdade: os eventos que a psicanálise tem de conhecer são "às vezes incontestavelmente falsos, às vezes não menos incontestavelmente reais, e na maioria dos casos uma mistura de verdadeiro e falso".[47]

Por que então procurar estabelecer a todo custo a realidade da cena original no tratamento do Homem dos Lobos? No mesmo capítulo da *Introdução à psicanálise*, Freud adverte que, entre os eventos que aparecem em "quase todas as histórias de infância dos neuróticos", deve ser dada particular importância às "observações relativas às relações sexuais dos pais, ao desvirtuamento por um adulto, à ameaça de castração".[48] Recordemos que, em "O Homem dos Lobos", a cena infantil é considerada uma construção, e não uma memória: "Estas cenas infantis não são [...] reproduzidas no tratamento como lembranças, são resultados da construção. Para alguns, a disputa já parecerá resolvida por esta confissão".[49]

Reconstrução e regime da prova

Para o analista, construir ou reconstruir consiste em compensar o que não pode ser lembrado. A construção ou a reconstrução pode ser uma operação indispensável para a inteligibilidade do distúrbio psíquico e para a identificação da causa patogênica. Não é uma fantasia ou um capricho. Como ele teoriza em *Construções na*

---

46 S. Freud, *Introduction à la psychanalyse*, *op. cit.*, p. 347

47 *Ibid.*, p. 346.

48 *Ibid.*, p. 347.

49 S. Freud, "História de uma neurose infantil", *OCF* 14, São Paulo, Companhia das Letras, 2010, p. 45.

análise (1937), o psicanalista, como o arqueólogo, deve dar forma e figura aos elementos faltantes que não puderam ser extraídos do soterramento que constitui o recalque:

> *Seu trabalho de construção – ou, se preferirem, de reconstrução – mostra uma ampla coincidência com o do arqueólogo, que faz a escavação de uma localidade destruída e enterrada ou de uma edificação antiga. Eles seriam mesmo idênticos, não fosse o fato de o analista trabalhar em condições melhores e dispor de um material auxiliar mais extenso, porque se ocupa de algo ainda vivo, não de um objeto destruído, e talvez também por outro motivo. Mas, assim como o arqueólogo ergue as divisões da construção sobre os restos dos muros, determina o número e a posição das colunas a partir das cavidades no terreno e reconstitui os ornamentos e pinturas das paredes com base nos restos encontrados nos escombros, assim também procede o analista quando tira suas conclusões de fragmentos de lembranças, associações e manifestações ativas do analisando. Os dois têm o direito inquestionável de reconstruir pela complementação e pela integração dos restos conservados.*[50]

Esta comparação com a arqueologia que vem passando pela escrita freudiana desde "Dora" encontra sua justificativa final neste texto tardio. A interpretação do sonho do Homem dos Lobos é entendida como uma reconstrução arqueológica de um passado infantil escondido. Em sua exploração na forma de uma cura, Freud procura "pegar as peças" e preencher as lacunas. Outras cenas posteriores incompletas ou enigmáticas que aparecem no tratamento estão relacionadas ao sonho e apoiam a interpretação que foi revelada no início. O esquema explicativo

---

50 S. Freud, *OCF* 19, São Paulo, Companhia das Letras, 2018, p. 191.

foi transformado desde os *Estudos sobre a histeria*: se a cena continua sendo a chave para o enigma traumático, as cenas não seguem um único fio causal linear, mas se baseiam no material traumático inicial. Vários elementos recolhidos no decorrer do trabalho analítico remetem à cena original, cujo caráter estrutural eles repetem ou destacam. Este é o caso, por exemplo, de dois episódios envolvendo uma mulher agachada que, segundo Freud, faz eco à posição da mãe na cena original. O primeiro remonta à infância e diz respeito a uma jovem babá que o Homem dos Lobos estimava: "Muito cedo surgiu a memória de uma cena incompleta, mas na medida em que foi preservada com precisão. Grucha estava no chão, junto a ela um balde e uma vassoura curta, de varetas atadas".[51] A segunda cena, mais recente, diz respeito a uma jovem camponesa ajoelhada junto a um lago por quem o paciente se apaixonou sem sequer ver seu rosto e que, além disso, respondia pelo nome de Matrona. Nessas duas cenas juntas, Freud encontra a confirmação da posição que a mãe tinha tomado no coito parental: a razão da vivacidade da memória era, segundo Freud, "a excitação sexual resultante da ativação desta famosa imagem".[52] A prova está na produção – reconstrução – de um elo de ligação ausente, mas necessária. A insistência do motivo da mulher agachada na história do paciente e sua coincidência com o surgimento do sentimento de amor é, segundo Freud, uma evidência indireta que valida a interpretação do material traumático infantil trazido à luz no sonho dos lobos.

Verdade, "irmã"[53] da fantasia

Se entendermos a lógica da interpretação freudiana do caso, resta uma pergunta: estas reconstruções são baseadas em cenas reais reprimidas

---

51 S. Freud, "História de uma neurose infantil", *OCF* 14, São Paulo, Companhia das Letras, 2010, p. 81.

52 *Ibid.*, p. 82.

53 Retomo aqui, adaptando, a expressão de Lacan "Verdade, irmã de gozo". Cf. *Le Séminaire. Livre XVII. L'Envers de la psychanalyse*, Paris, Le Seuil, 1991, p. 61

ou em materiais de fantasia? Esta questão é talvez menos relevante do que pareceu à primeira vista. O valor da categoria "realidade", quando solicitada no contexto do inconsciente, não é em última análise muito discriminatória: como a realidade original é reprimida sob o efeito da amnésia infantil, as memórias infantis que emergem em um tratamento devem ser consideradas com extrema cautela:

> *Tais recordações, antes inconscientes, não precisam sequer ser verdadeiras; podem sê-lo, mas com frequência são distorcidas em relação à verdade, impregnadas de elementos de fantasia, exatamente como as chamadas lembranças encobridoras conservadas de modo espontâneo.*[54]

Portanto, a "verdade" da vida infantil nunca é dada como tal nem é simplesmente sinônimo de "realidade": se ela retorna, é necessariamente deformada como qualquer processo carimbado com o selo do inconsciente. Neste aspecto, a verdade não é antinômica à fantasia na psicanálise: se não queremos refazer definitivamente este conceito, devemos no mínimo estar prontos para desconstruí-lo. A verdade do inconsciente inclui e implica necessariamente o processo de desfiguração (onírica) ou de sua dupla paradigmática, que é o recalque. A fantasia, na medida em que se baseia em uma necessidade psíquica – um traço traumático –, esconde uma verdade irrefutável. Para Freud, as formações psíquicas, que são o sonho, o delírio e a fantasia, embora não pertençam aos mesmos mecanismos de formação, devem ser consideradas como testemunhos extremamente valiosos porque são raros e – em grande medida e contra todas as expectativas – fiáveis. É este ponto que é o mais delicado a se estabelecer: a confiabilidade em questão diz respeito à realidade psíquica e deve considerar os efeitos da desfiguração

54 S. Freud, "História de uma neurose infantil", *OCF* 14, São Paulo, Companhia das Letras, 2010, p. 46.

ou levantamento da repressão da qual ela procede. O que Freud designa como formação substituta deve ser considerado como um testemunho primário da realidade psíquica – da vida real no sentido de Freud – do sujeito na medida em que é marcado com o selo da fábrica inconsciente. É por isso que as cenas da infância devem ser "adivinhadas – construídas – a partir de uma soma de indícios":[55] a verdade da cena original é necessariamente uma construção, uma reconstrução, se não plausível, pelo menos lógica. Tal estado de coisas sem dúvida compromete a definição e o *status* da verdade no sentido em que ela é entendida na história da filosofia.

No tratamento do Homem dos Lobos, no entanto, Freud se recusa categoricamente a considerar a cena infantil que constitui a verdade original do paciente como uma mera fantasia: "Não sou de opinião que estas cenas tenham de ser fantasias necessariamente, porque não retornam como lembranças".[56]

Realidade da sexualidade infantil

Às vezes, os textos freudianos são impactantes, mas as respostas a dissidentes ou detratores são mais ou menos tácitas. Este é o caso de "O Homem dos Lobos", em que Freud preenche suas armas para retorquir a Carl Gustav Jung e Alfred Adler. Como Jean-François Chiantaretto observou corretamente,[57] este duplo duelo informa a escritura do caso em que o paciente é literalmente tomado como testemunha de sua própria história infantil recalcada. Laplanche e Pontalis interpretam a insistência em estabelecer a realidade da cena do coito parental em seus mínimos detalhes como o contra-ataque freudiano contra a concepção junguiana que consideraria

55 *Ibid.*, p. 46.

56 *Ibid.*

57 J.-F. Chiantaretto, *L'Écriture de cas chez Freud*, Paris, Economica, 1999, p. 32.

tal cena como uma fantasia construída de maneira retroativa pelo sujeito adulto.[58] A firmeza de Freud é sem dúvida implicitamente dirigida contra seu aluno. Entretanto, a questão em jogo vai além da questão pessoal, embora não seja indiferente: é a tese da significação do fator infantil[59] que está em jogo na cura e não é, segundo Freud, redutível a uma "retrofantasia". A teimosia freudiana pode ser explicada por seu desejo de basear a neurose em experiências infantis. Freud não volta atrás com o abandono de sua *neurotica*: o que ele rejeita não é a existência de fantasias, mas a tese do todo fantasmático que Jung sustenta. Ele vê neste desvio de sua teoria uma forma de reduzir a parte infantil e sexual que é constitutiva da hipótese do inconsciente. Ceder sobre a realidade infantil da cena seria equivalente a ceder sobre a tese da etiologia sexual infantil da neurose. Todo o edifício freudiano estaria em perigo de desmoronamento. Podemos compreender melhor os desafios colossais envolvidos na demonstração subjacente ao tratamento do Homem dos Lobos. O argumento-chave consiste no fato de que o material traumático que emerge no sonho aparece no sonho de uma criança, ou seja, em uma idade em que não poderia ter sido fantasiado – o que poderia ter sido o caso no sonho de um adulto. Em sua controvérsia, que ele persegue por meio de um paciente, Freud admite que, se as "cenas de observação do ato sexual entre os pais, de sedução na infância e de ameaça de castração"[60] pertencem à herança filogenética da humanidade, ele não vê o que justifica, como faz seu ex-aluno, descartar a pista da ontogenia: em outras palavras, ele pretende explorar a hipótese de uma experiência pessoal de infância que não exclua a contribuição de um fator hereditário.

58 J. Laplanche e J.-B. Pontalis, *Vocabulaire de la psychanalyse*, Paris, PUF, 2009, p. 158.

59 S. Freud, "História de uma neurose infantil", *OCF* 14, São Paulo, Companhia das Letras, 2010, p. 48.

60 *Ibid.*, p. 85.

A "pré-história infantil", como Freud a chama, é tão boa quanto a pré-história ancestral. Como sugere Laplanche,[61] a experiência individual do sujeito sempre prevalece, de acordo com Freud, sobre o cenário atávico. Segundo o fundador da psicanálise, a resistência junguiana à factualidade infantil esconde mal uma resistência à tese da sexualidade infantil, o que implicitamente mina o ideal da inocência na infância. Freud considera o argumento junguiano como suspeito de uma excessiva pudicícia.

No tratamento do Homem dos Lobos, Freud se opõe a outro colega, Adler, cuja tese de protesto viril contesta a primazia do complexo de castração. Aquilo contra o qual Freud está lutando, em ambos os casos, apoiando a realidade da cena original a todo custo, é a recusa do sexual – uma recusa que é muito mais insidiosa do que se poderia pensar e que atinge até mesmo as fileiras da comunidade analítica. Esta recusa pode tomar diferentes rumos, mas opera a cada vez na forma de uma sucessão: a sucessão pelo ancestral, sucessão pelo social – em ambos os casos, o resultado é uma atenuação do fator cardinal do sexual infantil, o organizador da psique, segundo Freud. O conhecimento recalcado de que a psicanálise é a portadora – seu escândalo – deve ser defendido custe o que custar. Mesmo que seja pelo preço do inverossímil.

Salto associativo, salto lógico

"Neste ponto vejo-me obrigado a abandonar o apoio fornecido pelo curso da análise. Receio que também neste ponto a crença do leitor me

---

61 "Em outras palavras, a experiência individual, a infância, é necessariamente contingente para cada um de nós, composta de algumas memórias dispersas que são mais ou menos explícitas; mas em nenhum caso essa insuficiência abre a porta para uma pura e simples imaginação retroativa sem nenhum outro fundamento além do presente." J. Laplanche, *Problématiques VI, L'après-coup, op. cit.*, p. 155.

abandone":[62] Freud não ignora que sua descrição da cena primitiva, com sua extrema precisão e situada a meio caminho entre uma página de um romance e uma carta anatômica, atingirá e desconcertará muitos, inclusive entre os seus. Chiantaretto[63] lembra que Freud chegou ao ponto de pedir a seu paciente, em 1926, que assinasse um atestado sobre a autenticidade do sonho e a veracidade de sua data, a fim de contrariar as acusações do Otto Rank, que considerava o sonho e o desenho como produtos de transferência. O excesso de detalhes e assertividade pode ser compreendido, conforme sugeri anteriormente, como uma postura defensiva, se não compensatória. Certas relações lógicas estão de fato lutando para serem estabelecidas entre o sonho e a cena primitiva. A interpretação implica uma tradução dos pensamentos do sonho que pressupõe um salto lógico que Freud reconhece: "Aqui nos falta um nexo, uma ponte associativa que conduza do teor da história primordial àquele da história dos lobos".[64] Esta observação, que pode ser entendida como uma admissão de fracasso, é crucial: a falta de "correlação" não é simplesmente contingente, mas resulta inteiramente do mecanismo de repressão e o inconsciente como hipótese. Constituído pelo recalque, o que implica não o defeito de inscrição, mas o esquecimento do traço e a ausência de ligação, o inconsciente pertence à ordem de não relação. A falta de uma "ponte associativa" nada mais é do que a marca do inconsciente, que é compensada pelo processo de livre associação do paciente e pela reconstrução do analista.

A relação entre o sonho e a cena original procede de uma necessidade que Freud sustenta ter sido pacientemente confirmada no decorrer da análise, ainda que tenha sido intuída por ele em uma

62 S. Freud, "História de uma neurose infantil", *OCF* 14, São Paulo, Companhia das Letras, 2010, p. 35.

63 J.-F. Chiantaretto, *De l'acte autobiographique: le psychanalyste et l'écriture autobiographique*, Seyssel, Champ Vallon, 1995, p. 50.

64 S. Freud, "História de uma neurose infantil", *OCF* 14, São Paulo, Companhia das Letras, 2010, p. 39.

fase inicial. Entretanto, a comunicação dos detalhes do tratamento é complicada por razões materiais, uma vez que o material clínico não é simplesmente relatável. A descrição, repetida duas vezes (uma no corpo do texto, outra em uma nota) e o desenho fornecido compensam, portanto, a dupla dificuldade de restaurar as circunstâncias do tratamento e das associações e de ligar conteúdo manifesto e latente, neurose e trauma. A narração da cena vem suplantar estas rasuras e brancos. Por ocasião do caso, Freud também radicaliza sua doutrina de interpretação dos sonhos: "A transformação do material: cena primária – história dos lobos – conto dos sete cabritinhos – reflete a progressão do pensamento durante a formação do sonho".[65] Uma certa húbris hermenêutica agarra o intérprete, que não hesita em hipoestatizar o pensamento inconsciente do paciente no processo de formação. Em uma ruptura com – ou em contradição com – o princípio de uma interpretação sempre aberta, Freud declara aqui que esgotou o material onírico e elucidou o sonho "sem resto".[66] Tal excesso de certeza no conhecimento do analista levanta questões, mesmo que não seja o único de seu tipo no trabalho de Freud. Em pelo menos outro caso, o da interpretação da memória infantil de Leonardo da Vinci e do significado do episódio da cauda do abutre abrindo a boca da criança e golpeando seus lábios, Freud argumenta sem hesitar: "Afirmamos que a 'coda' do abutre não pode significar outra coisa senão um genital masculino, um pênis, conforme a habitual substituição que faz a linguagem".[67] Nesses dois lugares do trabalho, ambos envolvendo hipóteses sexuais infantis, a interpretação coincide com um significado inequívoco e autocontido que transmite uma convicção que beira a certeza irrefutável. "O Homem dos Lobos" tem mais de um ponto em comum com o estudo de Leonardo: por mais tênue que seja (um sonho de infância, uma lembrança de

65 *Ibid*, p. 40.

66 *Ibid.*

67 S. Freud, *Uma recordação de infância de Leonardo da Vinci*, *OCF* 9, São Paulo, Companhia das Letras, 2013, p. 112.

infância), Freud faz o detalhe do material falar por si mesmo: um fragmento de memória sobre o abutre, um sonho sobre os lobos.

"[U]ma certa credibilidade provisória"

O apelo ao crer que Freud endereça a seus leitores em "O Homem dos Lobos" não é um chamado à crença ou à fé, mas um convite à suposição, à consideração de uma lógica de (re)construção ligando representações e formações a uma causa. É entendida como uma oração para suspender a incredulidade. A hipótese de trauma infantil levou Freud a tomar emprestada sua fórmula da ficção: a de uma confiança consensual, mas provisória, que poderia ser comparada ao que o poeta Samuel Taylor Coleridge chamou em sua *Biographia Literaria* de "uma suspensão deliberada de incredulidade"[68] que ele julgava constitutiva da fé poética. A suspensão temporária da descrença com que Freud pede a seus leitores que o agraciem tem uma função epocal e pedagógica, não uma função literária ou estética. O que a suspensão torna possível é a reunião de elementos que geralmente são considerados como não relacionados. Mas a ordem de não relação – a interrupção da relação memética, da relação causal – é a marca do inconsciente e de seu mecanismo primordial, que é o recalque. O apelo ao crer procura (re)construir as condições do elo que falta, os termos da relação sem relação que implica o traço inconsciente que é tudo menos provável, mas verificável. Longe de pedir um cheque em branco, o apelo ao crer é a condição para uma demonstração racional, mas que pressupõe a familiaridade com certas premissas e a aceitação de um salto lógico, mas necessário a que mesmo um leitor inicialmente informado pode vir a resistir.

---

68 S. T. Coleridge, *Biographia Literaria*, Londres, George Bell & Sons, 1894 [1817], p. 145. Tradução minha.

A tese da cena original pode chocar. É, além disso, uma parte significativa do problema. Freud não tem medo, no entanto, de se opor à realidade psíquica e à verossimilhança, forçado como ele é por seu objeto a forçar a resistência do leitor: a verossimilhança, colocada como o critério de todas as narrativas desde Aristóteles, nunca é mais do que uma indicação insuficiente da realidade. *A contrario*, escreve Freud, "o conteúdo desta cena não pode ser argumento contra a sua credibilidade".[69] O desafio que representa a implausibilidade da cena originária não é um caso único na obra freudiana: a dificuldade colocada pela especulação sobre a pulsão da morte em *Além do princípio de prazer* não é menos extravagante. Em ambos os casos, Freud emprega uma retórica da escusa, mas não tem medo de dar um passo adiante com determinação. Tocar a origem implica uma tomada de risco que ele sabe que acompanha qualquer comunicação e demonstração da hipótese do inconsciente. Esta hipótese, cuja necessidade é clinicamente estabelecida, requer uma abordagem de adesão não a uma crença, mas a uma forma racional de saber que implica, em contrapartida, a superação de certas resistências. O último grande caso freudiano impulsiona seu autor para os aprofundamentos de uma argumentação que é acompanhada por uma retórica de defesa e de justificação, que, por sua vez, flerta com o insustentável. "O Homem dos Lobos" retorna ao trabalho várias vezes, direta ou indiretamente: a história do paciente russo parece não ter "largado" Freud, como diria Roustang. Em "Análise finita e análise infinita" (1937), ele justifica sua direção do tratamento *a posteriori* e dá um relato da história da recuperação do paciente: ele defende a propósito a precisão de sua leitura ("A doença dele já adulto não é apresentada minuciosamente ali, é apenas referida, quando sua ligação com a neurose da infância o requer").[70] Sua insistência neste ponto preciso cerca de vinte anos após a publicação da cura é

69 S. Freud, "Histórias de uma neurose infantil", *OCF* 14, São Paulo, Companhia das Letras, 2010, p. 36.

70 S. Freud, "Análise terminável e interminável", *OCF* 19, São Paulo, Companhia das Letras, 2018, p. 187.

surpreendente e atesta o que está em jogo na construção do caso a partir da cena do coito parental que constitui seu pivô. Freud informa o leitor sobre um ponto "técnico" da cura que diz muito sobre sua obstinação contratransferencial para conseguir seu caminho: conseguir a retirada das resistências[71] da história de seu paciente que impedia a anamnese do material que pudesse confirmar uma interpretação – da qual, lembremo-nos, Freud diz que ela interveio muito cedo na cura,[72] mas que pôde ser confirmada tardiamente –, o analista revela que fixou arbitrariamente ao analisando uma data final para o trabalho psicanalítico. Em 1939, em *Moisés e o monoteísmo*, quando defende a tese da analogia entre a etiologia das neuroses e a origem da religião monoteísta com base no fator traumático, Freud relata um caso de neurose infantil que estranhamente lembra a história do Homem dos Lobos: "Um garotinho, como é frequente em famílias de baixa classe média, dividia o quarto com os pais nos primeiros anos de vida, e repetidamente – ou sempre – tinha oportunidade, numa época em que ainda mal falava, de observar o que ocorria sexualmente entre os pais, de ver algumas coisas e ouvir outras mais".[73] Ao contrário do caso de Sergei Pankejeff, a criança inicialmente se identifica com o pai em uma "masculinidade agressiva" dirigida em particular contra a mãe. Seguindo a ameaça da mãe de informar o pai, o jovem rapaz, sob o efeito de uma ameaça de castração, adota, como o Homem dos Lobos em seu tempo, uma atitude passiva e se identifica com a mãe.

---

71 "Sua resistência foi reduzida a nada e nos últimos meses ele foi capaz de reproduzir todas as memórias e detectar todas as correlações que pareciam necessárias para entender sua neurose anterior." *Ibid.*

72 O paciente havia muito rapidamente comunicado o sonho e adotou desde muito cedo minha convicção que por trás deste se encontrava dissimulada a causa da neurose infantil. "No decorrer do tratamento retornamos ao sonho com frequência, mas apenas nos últimos meses da terapia foi possível compreendê-lo inteiramente, e isso graças ao trabalho espontâneo do paciente." S. Freud, "História de uma neurose infantil", *OCF* 14, São Paulo, Companhia das Letras, 2010, p. 32.
Cada um é livre para apreciar o valor de "espontaneidade" do trabalho do paciente dentro das condições voluntariamente condicionadas pelo analista.

73 S. Freud, *Moisés e o monoteísmo*, *OCF* 19, São Paulo, Companhia das Letras, 2018, p. 60.

Embora Freud não mencione explicitamente o mais célebre caso da história da psicanálise, o leitor avisado não pode deixar de notar uma semelhança perturbadora na introdução do caso:

> *Para chegar* a convencer o leitor, *seria necessário comunicar detalhadamente as histórias de vida de numerosos pacientes neuróticos. Mas, devido à amplitude e dificuldade do tema, isso mudaria totalmente o caráter deste trabalho. Ele se tornaria um tratado sobre a teoria das neuroses e, então, provavelmente interessaria apenas ao pequeno número de indivíduos que escolheu o estudo e a prática da psicanálise como tarefa de vida. Como aqui me dirijo a um círculo mais amplo, não posso fazer outra coisa senão* rogar ao leitor *que conceda* alguma crença provisória *às enunciações feitas resumidamente acima, com a admissão, de minha parte, de que ele só precisará aceitar as conclusões às quais o conduzo se se mostrarem corretas as teorias que são seus pressupostos.*[74]

Nas palavras do psicanalista de 1939, pode-se pensar que se está lendo as palavras de Freud de 1918. Como podemos interpretar esta republicação idêntica da fórmula do "apelo ao crer"? Para aqueles que confiam em Freud, o próprio analista de Dora, esta reedição não é a marca da transferência – ou, neste caso, contratransferência – de um agir que o sujeito repete sem saber e no qual a origem permanece inacessível para ele? Seja qual for o caso, é a questão da convicção que retorna de uma forma inalterada tanto em um caso como no outro. A psicanálise suscita incredulidade e desconfiança na medida em que trata do sexual infantil, do inconsciente entendido como recalque. Estas moções que Freud considera serem em grande parte resistência devem ser imperativamente superadas a fim de permitir a demonstração de uma causalidade rigorosa, embora

74 *Ibid.*, p. 60. Grifos meus.

a princípio desconcertante de uma origem que não pode ser considerada meramente imaginária – mas vivida. Em "O Homem dos Lobos", Freud julga que a tese ontogenética apoiada pelo sonho dos lobos prevalece sobre qualquer fuga filogenética das experiências reais que determinaram sua história infantil.

Non liquet

A interpretação do sonho da criança, por mais essencial que seja para a inteligibilidade do caso, é dificilmente sustentável: é essencial porque confirma a etiologia sexual das neuroses e demonstra a função de ativação traumática do sonho; é dificilmente sustentável porque a cena do coito parental faz fronteira com o que Freud chama de "representação desagradável".[75] É sem dúvida a razão pela qual propõe em 1917 uma adição em forma de interpretação supostamente alternativa, aparentemente mais plausível e sobretudo mais inocente: a observação pela criança de um coito animal. A presença no sonho de lobos parecidos com cães pastores, cães que a criança tinha visto evoluir no meio de um rebanho de ovelhas pouco antes do sonho, parece corroborar esta hipótese. Na *Introdução à psicanálise*, ele afirma que as fantasias de crianças relativas ao coito parental *more ferarum* "se liga[m] ao acasalamento entre animais (cães)".[76] Freud parece poupar a sensibilidade de seus leitores, sem, no entanto, abrir mão da cena parental:

> *A transferência dos cães em cópula para os pais não se realizou por meio de um procedimento dedutivo ligado a palavras, mas buscando na recordação uma cena real em que os pais apareciam juntos, e que pôde se fundir com a situação do coito. Todos os detalhes da cena que*

75 S. Freud, "Histórias de uma neurose infantil", *OCF* 14, São Paulo, Companhia das Letras, 2010, p. 36.

76 S. Freud, *Introduction à la psychanalyse*, *op. cit.*, p. 348.

> *foram estabelecidos na análise do sonho podem ter se reproduzido exatamente. Era de fato uma tarde de verão, o menino sofria de malária, os pais estavam ambos presentes, vestidos de branco, quando ele acordou de seu sono, mas – a cena era inofensiva.*[77]

"Para a cena primária que está na base do sonho é possível uma outra concepção, que evita em larga medida a conclusão alcançada antes e nos dispensa de algumas dificuldades":[78] como explicar o que se assemelha a um remorso espantoso quando se sabe o quanto Freud se dedicou a estabelecer o caso de "O Homem dos Lobos" sobre aquilo que ele chama de "o valor de real das cenas originárias"?[79] Será que ele cedeu momentaneamente à injunção superegoica de propriedade, outro nome para a resistência?

> *Logo se vê o quanto diminuem as exigências feitas à nossa credulidade. Já não precisamos supor que os pais realizaram o coito na presença da criança, mesmo que fosse bem nova – uma ideia desagradável para muitos de nós.*[80]

Freud está bem ciente de que a factualidade que ele defende não deixará de atrair reticências, suspeitas e escárnios. Em geral, ele está muito consciente do ultraje.[81] De modo geral, ele tem consciência do ultraje que a psicanálise comete contra os bons costumes e a

77 S. Freud, "História de uma neurose infantil", *OCF* 14, São Paulo, Companhia das Letras, 2010, p. 52.

78 *Ibid*, p. 51.

79 *Ibid.*

80 *Ibid.*, p. 52.

81 Em *Uma lembrança de infância de Leonardo da Vinci*, ele escreve: "Oxalá o leitor agora se contenha e não se recuse – pleno de indignação – a acompanhar a psicanálise porque ela conduz, tão logo é empregada, a uma imperdoável difamação da memória de um homem grande e puro". *Op. cit.*, p. 106.

reação defensiva ou hipócrita que necessariamente toda retirada do recalque desperta.

No entanto, Freud apenas finge recuar. Imediatamente após exonerar seus leitores do "ato de fé" que lhes pediu, ele retorna à acusação: "A cena de observar o comércio sexual entre os pais na infância remota – seja lembrança real ou fantasia – não é verdadeiramente uma raridade nas análises de humanos neuróticos". Nesta frase, Freud parece estar à beira da antinomia ou de seu equivalente psíquico, que é a negação: uma observação não é incompatível com uma fantasia. Na realidade, a tese que ele sustenta é a da posterioridade: a observação do comércio sexual de animais potencializa – revive – o traço traumático do comércio sexual dos pais sem de forma alguma excluí-lo. A menção de "nossos irmãos humanos neuróticos"[82] remete cada leitor à sua própria dificuldade em segui-lo – em "acreditar" na realidade da cena original – ao superar a resistência que constitui a neurose como tal. A incredulidade do leitor acaba se originando em sua psique e nas defesas que ele desenvolveu – sua amnésia infantil e a repressão que a acompanha tornam a evocação da cena original difícil de suportar. É por uma fórmula eminentemente equívoca que põe fim ao debate no qual o autor se prende tanto quanto teima: "Mas confesso, em troca, uma outra coisa: que desta vez pretendo encerrar a discussão sobre o valor de realidade da cena primária com um *non liquet*".[83] "*Non liquet*" é uma frase latina que significa: "não esclarecido" ou "há dúvida". Esta não é uma pequena confissão. Em "O Homem dos Lobos", o traumático sexual não pode ser considerado um esquema atávico: não é uma categoria abstrata ou que é transmitida independentemente de uma experiência individual e corporal. Freud não é, entretanto, um ideólogo: em *Totem e tabu* e *Moisés e o monoteísmo*, ao qual voltarei

82 S. Freud, *História de uma neurose infantil*, *OCF* 14, São Paulo, Companhia das Letras, 2010, p. 53.

83 *Ibid.*, p. 54.

no Capítulo 4, ele indaga sobre as fontes filogenéticas da neurose. O que explica a intransigência de sua interpretação de "O Homem dos Lobos" é a função ativadora do mecanismo traumático do sonho de infância. Além da propriedade, a cena do coito parental acaba por colocar um problema de representatividade. A incredulidade que ela desperta não é alheia a isso. Não é uma cena como qualquer outra: ela dá forma à cena primitiva – a da concepção da criança – que é literalmente inconcebível, um tesouro saboroso e aplaudido pela proibição; e é objeto de uma observação feita em um momento em que a criança – *infans* – foi privada do recurso da linguagem e da compreensão aferente: Freud observa a falta de um "procedimento dedutivo ligado a palavras".[84] A cena tem uma carga de excitação que, por falta de poder se simbolizar, se inscreve no corpo. Freud interpreta assim os distúrbios digestivos persistentes do paciente como resultantes da excitabilidade da mucosa intestinal metonimicamente ligada ao orifício anal e seu significado homossexual.

A sexualidade infantil é traumática por natureza. A tese da observação real da cena primitiva sustenta a hipótese do inconsciente como recalque. Recalcada por "nossos neuróticos irmãos humanos", a cena volta sob a forma de mito: o personagem de Édipo, que reteve a atenção de Freud em *A interpretação dos sonhos*, percebendo que ele matou seu pai e fez amor com sua mãe, arranca seus olhos para não ver o horror de seu crime.

Fé, crença, crédito

A palavra alemã que traduz a palavra francesa *foi* (fé) é a mesma que traduz *croyance* (crença): *Glaube*. Esta situação léxica não está isenta de consequências para nossa recepção do caso freudiano e pode levar os leitores francófonos a um mal-entendido: Laplanche argumenta que a "diferença entre fé e crença é dificilmente percebida

84 *Ibid.*, p. 52.

pelos falantes de alemão [...], este é o caso do homem Freud".[85] Sem concordar completamente com o psicanalista francês sobre o caráter perfeitamente óbvio da distinção semântica em francês, sua observação baseada no uso do verbo em alemão empregado por Kant na tríade "Meinen, Glauben, Wissen" (que constitui um dos capítulos da *Crítica da razão pura*), em que estes termos são "convertíveis um no outro",[86] parece-me ser muito criteriosa. Sempre que Freud usa o substantivo *Glaube* ou o verbo *glauben*, devemos ter cuidado para não traduzir em termos de fé o que em alemão é uma crença, ou seja, um ato intelectual no caminho do conhecimento. A demonstração no tratamento do Homem dos Lobos procede de uma dinâmica de um chamado à crença – entendido como um ato de suspensão da descrença e da suposição – levando a um estado de convicção: convicção da realidade da cena original no leitor, que faz eco à convicção da castração no Homem dos Lobos. O substantivo comum *Glaube* é, além disso, sinônimo de *Überzeugung*, que significa "convicção": o caso oscila entre estes dois termos, que são tão próximos em alemão, e tende a construir a convicção a partir dos efeitos incrementais e cumulativos de uma suposição.

Freud está ciente de que o inverossímil é um problema: "Mas alguns detalhes são tão incríveis e notáveis, até para mim mesmo, que hesitei em pedir que outras pessoas acreditassem neles".[87] Entretanto, ele considera o mecanismo de crédito e o processo de acreditação como uma necessidade heurística e hermenêutica da psicanálise. No artigo "Rememorar, repetir e perlaborar", de 1914, sobre o tema das memórias traumáticas do tipo das do Homem dos Lobos, ele conclui a inelegibilidade relativa à anamnese e à obrigação que é incumbida ao analista:

---

85 J. Laplanche, *Entre séduction et inspiration: l'homme*, Paris, PUF, 1999, p. 49.

86 *Ibid.*

87 S. Freud, "História de uma neurose infantil", *OCF* 14, São Paulo, Companhia das Letras, 2010, p. 14.

> *Através dos sonhos pode-se chegar a conhecê-las, os motivos mais forçosos do conjunto da neurose* nos obrigam a acreditar nelas, *e podemos igualmente nos convencer de que o analisando, após superar suas resistências, não invoca a ausência da sensação de lembrança (sentimento de familiaridade) para se recusar a aceitá-la.*[88]

A obrigação de acreditar não é um ato de fé, mas um crédito, uma suposição de pensamento sem a qual a hipótese de trauma estrutural não pode ser sustentada. O crédito em questão não é, entretanto, incondicional: é condicionado à obtenção de uma convicção que só pode resultar de uma argumentação rigorosa e crítica.

As fontes da convicção

Em "O futuro de uma ilusão" (1927), Freud aborda a questão da crença religiosa, que ele analisa como uma produção da atividade da alma, e chega a examinar as condições gerais da crença. Ele a concebe não como um dado, mas como um processo: "Se conseguíssemos, dessa forma, pôr a salvo de dúvidas um só componente do sistema religioso, todo o conjunto ganharia extraordinariamente em credibilidade".[89] Este enunciado poderia por pouco se aplicar à tentativa freudiana no caso de "O Homem dos Lobos". No caso em questão, não é à crença sobre a qual se baseia a abordagem psicanalítica, mas a credibilidade, a construção de um conhecimento pacientemente adquirido sobre o império da dúvida e, se necessário, ultrapassando a resistência. A nova ciência analítica, cuja fenomenalidade está relacionada a um princípio – a hipótese do inconsciente – implica criar as condições

---

88 S. Freud, "Recordar, repetir, elaborar", *OCF* 10, São Paulo, Companhia das Letras, 2010, p. 149. Grifo meu.

89 S. Freud, "O futuro de uma ilusão", *OCF* 17, São Paulo, Companhia das Letras, 2014, p. 212.

racionais não de uma crença, que seria uma questão de fé, mas de uma convicção obtida de acordo com as regras da compreensão e da racionalidade. A realidade psíquica descoberta, subtraída do indiscernível, não é imediatamente sinônimo de verossímil, mas não deixa de permanecer lógica e discutível.

É mais fácil entender como, na linguagem de Kant e Freud, a crença (*Glaube*), na medida em que é inseparável de um processo de credibilidade, que é um processo de validação, pode ser legitimamente considerada como um fator de conhecimento sob certas condições estritamente definidas. A empreitada teórico-clínica freudiana consiste em criar as condições de um *Glaube* que pode ser convertido em *Wissen*: de uma crença que tende ao saber. A crença que Freud exige não é um fim em si mesmo, mas uma disposição e uma disponibilidade de espírito necessárias para seguir uma demonstração que, sem derrogar as leis gerais de compreensão, exige um ato de suspensão da incredulidade. A suposição tem a função de superar a resistência que inibe o processo de intelectualização relacionado ao inconsciente e seus efeitos. Como a psicanálise trata de novos fenômenos à beira do perceptível, porque concentra sua atenção no sonho e tira a transferência das sombras, Freud sabe que tem que lidar com a incredulidade de seus leitores e que cabe a ele tornar credível aos olhos deles. A possibilidade de acreditar temporariamente em vista do saber é a maneira que a ciência freudiana encontra para chegar aos seus fins demonstrativos. Em *Novas conferências introdutórias à psicanálise* (1933), Freud cede um lugar à credibilidade no campo da ciência : "Bem, não vamos nos apegar à estreiteza da escola; estamos dispostos a crer no que vem a ser digno de crédito para nós".[90]

90 S. Freud, *Novas conferências introdutórias*, *OCF* 13, São Paulo, Companhia das Letras, 2014, p. 118.

A concepção freudiana da ciência consiste em acolher a hipótese futura, se ele consegue se *fazer credível*, a satisfazer as exigências de uma racionalidade rigorosa, mas aberta ao inaudito.

Dever de crer não é apelo a não crer

Em "O futuro de uma ilusão" (1927), Freud passa no pente fino duas tentativas de superar a resistência dos não crentes. A questão colocada a partir das doutrinas da religião é a da inadmissibilidade da crença, que indiretamente diz respeito à psicanálise e a obriga a se precaver contra qualquer atitude dogmática:

> *As provas que nos legaram são gravadas em escritos que contêm todas as marcas da não fiabilidade. São contraditórios, foram retocados, falsificados; quando relatam comprovações factuais, eles mesmos carecem de comprovação. Em nada ajuda afirmar que suas palavras, ou apenas seu conteúdo, têm origem na revelação divina, pois tal afirmação é, em si mesma, parte das doutrinas que devem ter sua credibilidade investigada, e, obviamente, nenhum enunciado pode provar a si mesmo.*[91]

O autor dessas linhas permanece em silêncio sobre o eco e a questão psicanalítica representada pela questão da crença e de seu outro, que é a credibilidade. A validação de uma tese depende de um procedimento de legitimação *a priori*: a autojustificação nunca pode tomar o lugar de provas suficientes. Freud questiona o "obrigação de

91 S. Freud, "O futuro de uma ilusão", *OCF* 17, São Paulo, Companhia das Letras, 2014, p. 211.

crer"[92] ao qual se sentem vinculadas "intelectos brilhantes".[93] Entre a obrigação e o apelo ao crer, nada menos que a validação científica e a confiabilidade ética da psicanálise estão em jogo. Consequentemente, o exame da atitude religiosa é de interesse: a psicanálise critica a religião cuja fonte de ilusão procura compreender, ao mesmo tempo que tenta por todos os meios se distinguir dela.

As duas tentativas mencionadas por Freud em "O futuro de uma ilusão", por mais longe que pareçam do objeto da psicanálise, atestam em filigrane sua sensibilidade ao problema da crença e da credibilidade. As duas "tentativas" em questão são movidas por uma necessidade marcada de impossível: "enérgicos esforços", escreve Freud, "para escapar do problema"[94] – e enviam de forma conturbada o descobridor do inconsciente de volta à espinhosa questão da construção da adesão. Cada uma destas tentativas é baseada em uma máxima: o latim "*Credo quia absurdum*" atribuído – erroneamente – a Santo Agostinho, o alemão "*als ob*" ("como se") da filosofia de Vaihinger. Em ambos os casos, um enunciado é o instrumento de uma conversão que carrega a convicção. A primeira fórmula, é sem dúvida, a que constitui a mais maciça afronta à racionalidade: "você tem que acreditar porque é absurda". A máxima dos padres da Igreja põe um fim às dúvidas sobre o dogma inadmissível da ressurreição de Jesus. A máxima continua com a seguinte fórmula: "é certo, pois é impossível". O apelo freudiano contra a religião é entendido como o negativo da exigência científica da psicanálise: "Isto significa que as doutrinas religiosas estão isentas das alegações da razão, que estão acima da

---

92 *Ibid.*, p. 211.

93 "Desde então, incontáveis indivíduos se atormentaram com as mesmas dúvidas, que quiseram suprimir porque se acreditavam na obrigação de crer; muitos intelectos brilhantes sucumbiram nesse conflito, muitos caracteres sofreram danos devido aos compromissos nos quais buscavam uma saída." S. Freud, "O futuro de uma ilusão", *OCF* 17, São Paulo, Companhia das Letras, 2014, p. 211.

94 *Ibid.*, p. 212.

razão. [...] Não há instância acima da razão".[95] Que fique registrado. Os conhecimentos em psicanálise não podem se contentar com a convicção íntima: o caso de "O Homem dos Lobos" é um objeto de comunicação científica, não de autoconvicção, nem de introspecção: "Não passa de ilusão, mais uma vez, esperar algo da intuição e da introspecção".[96] Em Freud, a lógica da fé se opõe em última instância à lógica da credibilidade que toda abordagem científica implica. Em "Sonhos e ocultismo", ele reconhece "a tendência geral das pessoas à credulidade e à crença em milagres".[97] Criar as condições para a credibilidade está longe de ser o mesmo que gerar ilusão. A segunda tentativa de escapar da indemonstrabilidade da crença é de um tipo substancialmente diferente. Embora seu autor se defenda como se fosse por antecipação, não parece ser assim tão incompatível com a abordagem freudiana:

> *A segunda tentativa é a da filosofia do "como se". Ela diz que em nossa atividade de pensamento há bastantes suposições cuja falta de fundamento, e até mesmo absurdo, nós percebemos inteiramente. São chamadas "ficções", mas por diversos motivos práticos temos de nos comportar "como se" acreditássemos nelas. Seria o caso das doutrinas religiosas, devido à sua inigualável importância para a preservação da sociedade humana. Essa argumentação não se acha muito distante do Credo quia absurdum. Mas acho que o requisito do "como se" é de natureza tal que somente um filósofo é capaz de fazê-lo.*[98]

95 *Ibid.*

96 *Ibid.*, p. 216.

97 S. Freud, *Novas conferências introdutórias*, *OCF* 13, São Paulo, Companhia das Letras, 2014, p. 120.

98 S. Freud, "O futuro de uma ilusão", *OCF* 17, São Paulo, Companhia das Letras, 2014, p. 213.

Freud considera a atividade filosófica – e mais geralmente teórica – como uma experiência comparável ao delírio em estrutura. No presente caso, porém, a comparação talvez não esteja certa, especialmente porque, em um exame mais detalhado, Vaihinger, um filósofo contemporâneo de Freud, é um neokantiano que está muito afastado do discurso da fé. Em particular, ele examinou a ficção científica e tomou o exemplo da ficção teórica das partículas elementares do átomo como necessário para a ciência. Ninguém jamais foi capaz de observar diretamente um próton, um nêutron ou um elétron; a ciência, no entanto, considera que eles existem, desenvolve teorias e concebe novas experiências com base nelas. Os físicos consideram as partículas elementares como modelos que lhes permitem fazer inferências e deduções de vários tipos. As fortes críticas de Vaihinger são ainda mais surpreendentes do ponto de vista de Freud, uma vez que vêm apenas um ano após a publicação de outro artigo, *A questão da análise leiga* (1926), no qual ele reconheceu um mérito prático na representação ficcional do aparato animal e citou o mesmo filósofo em apoio à sua tese: "O ponto de vista topológico apreende o aparelho psíquico como um instrumento composto e busca verificar em que lugares dele ocorrem os diferentes processos psíquicos".[99] A metapsicologia, apelidada humoristicamente por Freud "bruxa",[100] é uma ficção científica cuja necessidade justifica o fim: "O valor de tal 'ficção' – como o filósofo Vaihingerh a denomina – depende do quanto podemos conseguir com ela".[101] O termo "ficção" nunca é abandonado por Freud sem alguma apreensão. Sua reversão abrupta e a ironia mordaz com que trata a filosofia do "como se" em "O futuro de uma ilusão" sem dúvida denunciam um certo remorso – ou

99 S. Freud, *A questão da análise leiga*, *OCF* 17, São Paulo, Companhia das Letras, 2014, p. 256.

100 S. Freud, *História de uma neurose infantil*, *OCF* 19, São Paulo, Companhia das Letras, 2018, p. 18.

101 S. Freud, *A questão da análise leiga*, *OCF* 17, São Paulo, Companhia das Letras, 2014, p. 111.

mesmo uma leve má-fé, um sinal de sua ambivalência. A ficção de Vaihinger – mesmo no caso de ficções religiosas ou morais – não é absurda, mas justificada por uma necessidade prática, ou seja, *in fine* racional. Uma necessidade cuja hipótese do inconsciente poderia também fazer parte.

O que o psicanalista rejeita, no entanto, num uso tão prático da ficção, é a inconsistência ou contradição que lhe está subjacente. Freud relata a seguinte história sobre um de seus filhos: "Quando as crianças contavam uma história e a escutavam com reverência, ele vinha e se juntava a elas e perguntava: 'Essa história é verdadeira?'. Ao lhe responderem que não, ele se afastava, com expressão de desdém".[102] Nem o cientista nem o filho de Freud podem resolver a ficção. Na concepção freudiana de minoria, infância não é sinônimo de irracionalidade. É significativo que a história biográfica apresente um filho de Freud cujo senso crítico, apesar de sua juventude, é infalível: "Pode-se requerer que todas as pessoas utilizem o dom da razão que possuem",[103] diz Freud, decididamente kantiano. O inconsciente não é um dogma nem um conto de fadas. A lógica de suposição implícita na hipótese não pode ser acompanhada de qualquer negação das reivindicações do entendimento. O que impede Freud de subscrever o regime epistêmico da ficção implementado pelo filósofo neokantiano é que ele não pode ser assimilado ao da hipótese. A ficção, segundo Vaihinger, é um expediente cujo critério é a oportunidade, e cuja finalidade é um objetivo prático, e não uma validação. Sua existência, como é teoricamente o caso da hipótese, é provisório, mas, ao contrário da hipótese, não procura ser confirmada por fatos empíricos: "A diferença essencial é que a ficção é uma simples construção auxiliar, um simples desvio, um simples andaime destinado a ser demolido,

102 S. Freud, "O futuro de uma ilusão", *OCF* 17, São Paulo, Companhia das Letras, 2014, p. 213.

103 *Ibid.*, p. 213.

enquanto a hipótese visa ser definitivamente fixada".[104] Vaihinger, que defende a tese da legitimidade da ficção, aponta que, na história da ciência, muitas hipóteses obsoletas têm servido como ficções heurísticas muito úteis. O que Freud desafia na ficção é que a exigência de conformidade com as leis da realidade e da racionalidade não é mais necessária: "a ficção assume algo de irreal ou de impossível".[105] Como o filósofo nos lembra, as "ficções heurísticas" kantianas não são corroboradas por nenhum dado empírico. Os conceitos de razão (a unidade da alma, a existência de um ser supremo) são representações sem um objeto que não correspondem a nada conhecível, mas que não são, no entanto, desprovidas de interesse prático. É aqui que reside o problema de Freud: embora o inconsciente certamente não seja um objeto empírico, ele não pode ser considerado como uma simples ideia reguladora. As provas que o psicanalista afirma ter não são uma evidência dogmática (implicando um ato de fé ou esperança qualquer), mas elementos de prova empíricas (clínicas) incontestáveis, embora indiretos – como é o caso do sonho infantil do Homem dos Lobos.

A cura do Homem dos Lobos soa o toque de morte da escrita do caso freudiano. O psicanalista avançou tanto quanto pôde na interpretação clínica e na elaboração teórica e levou a tentativa de comprovação clínica da hipótese do inconsciente ao seu limite. O método freudiano é baseado na construção: construção da convicção, reconstrução do elo perdido entre o sonho e a cena original. A ciência do inconsciente, enquanto se desdobra neste caso, parece inseparável de um apelo ao outro – seja leitor ou paciente – que toma a forma de um pedido de crédito ao qual o credenciamento de uma demonstração responde. Sem o início da confiança, o pré-requisito da suspensão da incredulidade, permitindo a superação da resistência e

---

104 H. Vaihinger, *La Philosophie du comme si*, *Philosophia Scientiae*, caderno especial 8, 2013, p. 75

105 *Ibid.*, p. 210.

a introdução à dimensão da suposição, interpretação e transmissão, parece a Freud ser obsoleto. Ele não pede ao leitor que acredite em sua palavra, mas que seja guiado e convencido por argumentos que lidam com fenômenos e experiências no limite da consciência. Ao fazer isso, Freud mediu a cada passo a aparente húbris de sua abordagem e o perigo de que escrever e comunicar a clínica acabasse por pesar para a ciência psicanalítica: "Posso imaginar que agora me expus a graves suspeitas por parte do leitor".[106] Com relação à nova elaboração do conceito de posterioridade em "O Homem dos Lobos", Laplanche fala de uma "pedra de tropeço ou [...] lacuna no pensamento de Freud".[107] O encontro do limite, como se experimenta no argumento do caso, é a ocasião para o reconhecimento de um ponto de impossibilidade – ao qual a extravagância do apelo ao crer testemunha em parte – e para um reavivamento metodológico. A fim de lidar com a questão da origem, à qual Freud não pode e não vai renunciar para dar conta da formação da neurose e mais geralmente para justificar ainda mais a hipótese do inconsciente, ele se envolve na exploração de dispositivos alternativos que combinam ciência, ficção e clínica.

---

106 S. Freud, "História de uma neurose infantil", *OCF* 14, São Paulo, Companhia das Letras, 2010, p. 54.

107 J. Laplanche, *Problématiques VI, L'après-coup*, *op. cit.*, p. 143.

4. A hipótese fantástica das origens

Mas, ao mesmo tempo, teremos chegado ao ponto em que a psicanálise passa da ciência à filosofia, talvez até à mitologia.

Paul Ricœur, *Da interpretação: ensaio sobre Freud*

O objetivo de Freud em seu trabalho antropológico e sua história das religiões é uma extensão decisiva do campo da psicanálise aplicada que antes se limitava a investigações estéticas e "mesmo quando a estética não é limitada à teoria do belo, mas definida como teoria das qualidades de nosso sentir".[1] Freud não procura mais ilustrar uma teoria analítica aplicando-a à literatura ou às artes plásticas, como fez em *O delírio e os sonhos na* Gradiva *de Jensen*, *Moisés de Michelangelo* etc. Ele tenta apoiar o edifício teórico da psicanálise, fornecendo-lhe uma validação primordial – na ausência de prova direta – externa à clínica, mas relacionada a ela. Em *Totem e tabu*, a hipótese psicanalítica relativa ao enigma antropológico do medo do incesto confirma, em contrapartida, a psicanálise a partir de

1 S. Freud, "O inquietante", *OCF* 14, São Paulo, Companhia das Letras, 2010, p. 248.

sua hipótese edipiana. Longe de considerar com condescendência o chamado "homem primitivo", Freud encontra nele uma prefiguração da "imutabilidade e da indestrutibilidade"[2] do inconsciente e estabelece uma analogia esclarecedora entre seu funcionamento psíquico e o do neurótico.

O que justifica a necessidade implícita de ficção na teoria freudiana – mesmo que ele se defenda dela – está no centro de seu estudo do homem primitivo. O psicanalista descobre, em sua investigação antropológica, a coexistência de processos anímicos inconscientes e conscientes. Um espaço latente concebido como coextensivo com o da consciência e suas percepções em *Totem e tabu* é assim trazido à luz:

> *Aquilo que, exatamente como os primitivos, projetamos na realidade externa, não pode ser outra coisa senão o reconhecimento de um estado em que algo é dado, está presente para os sentidos e a consciência,* junto a um outro *em que esse algo é latente, mas pode reaparecer; isto é, a coexistência de percepção e lembrança, ou, de modo mais geral, a existência de processos psíquicos inconscientes ao lado dos conscientes.*[3]

A percepção consciente não está sozinha; ela está associada a uma impressão latente inconsciente que a acompanha imperceptivelmente e se manifesta apenas por invasão ou acidente. Ficção, entendida não apenas como simplesmente uma dimensão imaginária, mas uma duplicação do horizonte da realidade e um espaço para projeções, dando forma e figura ao outro lado que caracteriza os processos inconscientes. Tanto o inconsciente quanto a ficção compartilham a característica comum de fazer parte do que poderia ser chamado de

2 S. Freud, *Totem e tabu*, *OCF* 11, São Paulo, Companhia das Letras, 2012, p. 98.
3 *Ibid.*, p. 97. Grifo meu.

"o quarto ao lado".[4] De fato, as obras romanescas trazem à existência universos fechados sobre si mesmos e separados da vida de seus leitores, os quais, no entanto, podem entrar sem dificuldade e com os quais é provável que se relacionem mesmo muito tempo depois de tê-los lido. O que o funcionamento do mundo novelista atesta é a possibilidade da copresença de esferas paralelas de investimento psíquico. A ficção literária não é o todo da ficção, mas informa sua fenomenologia: ela desloca, divide, sobrepõe espaços desajustados e relacionados. O estudo freudiano da alma animista em *Totem e tabu* mostra, ao contrário, que ela não conhece nem o inconsciente nem a ficção - nem mesmo o mito, cuja invenção é posterior a ele - porque une em si "disposições de ambos os lados":[5] a enquete freudiana sobre as origens da humanidade nos permite fazer a gênese da separação entre consciente e inconsciente.

A escolha do "mito científico"

Em *Totem e tabu*, Freud elabora uma hipótese que se enuncia sob a forma de uma ficção teórica e diz respeito à origem da sociedade. Disso deriva o que ele chama de "mito científico",[6] que encena o assassinato do pai original, com base em duas teses preexistentes: uma naturalista, a da horda original apresentada por Charles Darwin e interpretada por seu aluno James Jasper Atkinson; a outra antropológica, a da refeição totêmica na religião dos semitas desenvolvida por W. Robertson Smith. A hipótese freudiana desempenha um papel crucial não apenas em seus ensaios antropológicos, mas em

4 Tomo emprestada a esplêndida expressão da crítica literária Marie Gil (*La Chambre d'à côté: le décadrage absolu de Melville à Scorsese*, Paris, Hermann, 2017).

5 S. Freud, *Totem e tabu*, *OCF* 11, São Paulo, Companhia das Letras, 2012, p. 97.

6 S. Freud, *Psicologia das massas e análise do ego*, *OCF* 15, São Paulo, Companhia das Letras, 2011, p. 78.

todo seu empreendimento teórico: Freud retorna a ela em inúmeras ocasiões e entrega várias versões. Em sua última obra, *Moisés e o monoteísmo*, o "mito científico" do assassinato do pai da horda é ampliado e aprofundado pela tese do assassinato do profeta dos hebreus por seu povo.

Darwin ocupa um lugar especial no panteão freudiano: ao confiar no naturalista, Freud procura se colocar sob o patronato de uma das maiores mentes científicas do século XIX. A tese antropológica freudiana extrapola "uma conjectura de Charles Darwin, segundo a qual a forma primeva da sociedade humana foi a de uma horda governada":[7] Darwin concluiu dos hábitos de vida dos macacos superiores "que também o homem viveu originalmente em pequenas hordas, dentro das quais o ciúme do macho mais velho e mais forte impediu a promiscuidade".[8] Freud encontra, como escreve Lilian Truchon, no autor de *La Filiation de l'homme et la sélection liée au sexe* (1871) "um ponto de ancoragem realista para a história da evolução",[9] entretanto, ele se libertou disso quase imediatamente, produzindo um "mito científico" que dificilmente teria sido aprovado por seu ilustre antecessor, que estava resolutamente inclinado a pensar na evolução de uma forma gradualista e não descontinuada. A antropologia freudiana é de fato baseada em um "ato":

> *O primitivo é desinibido, o pensamento é simplesmente transposto em ato, [...], e é por isso que eu sou da opinião,* sem me atestar a absoluta certeza de minha opção, *que se tem, sem dúvida, o direito de admitir no caso que estamos discutindo: no início foi o ato.*[10]

---

7 S. Freud, *Totem e tabu*, *OCF* 11, São Paulo, Companhia das Letras, 2012, p. 126.

8 *Ibid.*

9 L. Truchon. *"En quoi l'anthropologie darwinienne est-elle nécessaire à la psychanalyse?"*, *Gruppen*, Gruppen éditions, 2016, p. 3.

10 S. Freud, *Totem e tabu*, *OCF* 11, São Paulo, Companhia das Letras, 2012, p. 166.

Apresentada em uma retórica de oxímoro que defende sem garantir, a hipótese reafirmada no final de *Totem e tabu* é acompanhada por uma nota de rodapé que a identifica como uma citação não citada de *Fausto* de Goethe: *Im Anfang war die Tat*. O mínimo que se pode dizer é que a hipótese deste fato – o assassinato do pai da horda – arrancado por um Freud prometeano do mistério das origens não era evidente por si mesma.

A escolha do "mito científico" está de acordo com a relação de Freud com a hipótese: o que não pode ser provado diretamente na história da espécie mas que é considerado necessário deve ser defendido sob a forma de uma suposição axiomática.

Esta "opção" do ato de matar o pai toma assim a forma de uma hipótese na forma de uma ficção teórica que por si só sustenta e reforça a hipótese do inconsciente. Se Freud ainda não determinou em *Totem e tabu* a natureza exata da relação entre o inconsciente coletivo e o inconsciente individual – isto ele faz com mais detalhes em *Psicologia de massa e análise do Ego* e em *O mal-estar na cultura* –, as concordâncias sincrônicas que ele descobre entre o chamado homem primitivo e o neurótico revelam uma herança reprimida comum. Ao contrário da hipótese do inconsciente, porém, a hipótese do assassinato do pai não assumirá a forma de uma representação espacializada – uma atualidade –, mas de uma representação diegética – um "mito".

A escolha do "mito científico" parece ter sido bem pensada, embora com um nome retrospectivo. É em *Psicologia de massa e análise do Ego* (1921) que ele é conceitualizado como tal: "mito científico do pai da horda primordial".[11] Este "subgênero" inventado para as necessidades da ciência e da demonstração analítica é baseado no gênero de mito. O mito é uma narrativa que testemunha a

11 S. Freud, *Psicologia das massas e análise do eu*, *OCF* 15, São Paulo, Companhia das Letras, 2011, p. 78.

profundidade dos tempos da humanidade: comparável aos sonhos em sua forma enigmática e imemorial, é oferecida à interpretação humana e constitui – como intuição freudiana – uma forma apropriada para compreender a lógica do ser humano.

Esta é a intuição freudiana, uma forma apropriada para compreender a lógica do que foi irremediavelmente perdido na memória. A aliança de palavras que constitui a expressão de "mito científico" não é apenas provocativa: ela opera a síntese entre um discurso marcado pelo selo de repressão e pela reconstituição crítica de sua arqueologia. As ficções que Freud elabora em seus principais ensaios sobre antropologia e a história das religiões desde *Totem e tabu* até *O homem Moisés* visam recapturar moções arcaicas e tentar reconstruir o cenário original da sociedade, religião e neurose. Para isso, a antropologia freudiana postula um fato – na forma de um ato – historicamente não verificável, mas logicamente necessário: "aquele grande evento da pré-história humana".[12]

O "mito científico" do qual Freud propõe uma versão de ficção para fins de argumento é, no entanto, tudo menos um "romance", é muito mais como "uma página de história plausível".[13] Constitui-se uma ficção heurística que pretende ser rigorosa e deve sua qualificação de "mito" apenas por sua vocação e seu poder explicativo. Freud inclusive coloca excepcionalmente[14] a realidade de sua hipótese, cuja validade ele reafirma intacta em *Moisés e o monoteísmo.*[15]

---

12 S. Freud, *Totem e tabu*, *OCF* 11, São Paulo, Companhia das Letras, 2012, p. 149.

13 Podemos adivinhar a opinião de Freud sobre a crítica que faria um suposto leitor quanto à verdade do assassinato do pai primordial. S. Freud, *Mal-estar na civilização*, *OFC* 18, São Paulo, Companhia das Letras, 2010, p. 65.

14 Discutindo o sentimento de culpa inconsciente, ele admite, após ter defendido sua teoria do verdadeiro assassinato, a possibilidade de que o ato só foi previsto, e não realizado: "Não é decisivo, realmente, haver matado o pai ou deixado de fazê-lo; em ambos os casos temos de nos sentir culpados, pois o sentimento de culpa é expressão do conflito de ambivalência". *Ibid.*, pp. 65-66.

15 S. Freud, *Moisés e o monoteísmo*, *OCF* 19, São Paulo, Companhia das Letras, 2018, p. 210.

Laplanche considera que "a tese da realidade da horda, a tese da realidade destes cenários pré-históricos e a tese de sua transmissão genética, esta tese nunca é tomada, pode-se dizer em segunda instância".[16] Este mesmo autor também defende que a oposição entre realidade material e realidade da fantasia foi há muito concebida por Freud sem mediação alguma: o "terceiro termo pré-histórico".[17] Isso lhe teria permitido repensar a articulação do "mito científico" de *Totem e tabu* de um modo menos maniqueísta.

Em todo caso, a abordagem freudiana não deveria, apesar de sua audácia epistemológica, ser surpreendente demais: Jean-Jacques Rousseau, no texto que fundou a antropologia moderna, imagina um cenário original e complexo para dar conta da formação da comunidade humana e cuja fórmula inaugural não é menos radical: "Comecemos então descartando todos os fatos, pois eles não tocam na questão".[18] A decisão de colocar de lado os fatos históricos torna possível reconstituir um cenário de origens por meio da ficção. O que a ficção pretende elaborar é a lógica original: a pré-história de uma repressão condicionando a própria possibilidade de uma história humana. Em uma nota na qual ele detalha a teoria de Atkinson como consequência da hipótese darwiniana da horda original, Freud justifica a indeterminação imposta pela teorização das origens:

> *Posso dizer que a imprecisão, a abreviação temporal e a concisão dos dados, no que apresento acima, são próprias da reserva exigida pela natureza do tema. Seria*

16 J. Laplanche, *Problématiques VI, L'après-coup, op. cit.*, p. 156-157. 2.

17 *Ibid.*, p. 161

18 J.-J. Rousseau, *Discours sur l'origine et les fondements de l'inégalité parmi les hommes*, Œuvres *complètes, III*, Paris, Bibliothèque de la Pléiade, 1964, p. 132.

> *absurdo aspirar à exatidão nessa matéria, tanto como seria injusto pedir certeza.*[19]

O tratamento do tempo imposto pelo material pré-histórico não pode, por definição, ser o da historiografia: a ficção resultante não é estritamente exata, mas necessária, não comprovada, mas muito provável.

Não se opõe à realidade dos fatos: permite o acesso a uma temporalidade imemorial, antes de qualquer repressão, para explicar o duplo enigma da exogamia e da religião totêmica. O psicanalista está ainda mais inclinado a subscrever esta concepção de verdadeira ficção porque ele mesmo descobriu a realidade psíquica na origem de toda neurose, uma realidade psíquica que ele descreveu não apenas como competindo com a realidade factual, mas superior a ela. Neste sentido, a relação de Freud com a ficção é inspirada por seu conhecimento da doença nervosa – neurose de compulsão ou histeria de sua sintomatologia, bem como de sua gênese – e da relação clivada com a realidade da qual procede. Seria errado considerar que a realidade psíquica na neurose seja desprovida de "verdade histórica". É feita de marcas e eventos – atos e pensamentos – que não podem ser lembrados – e que, no entanto, são decisivos na vida da alma. Por exemplo, os obsessivos não se punem com uma culpa puramente imaginária ou herdada além das gerações: "Cada um desses indivíduos excessivamente bons teve um período mau na infância, um estágio perverso, precursor e pressuposto do excessivamente moral que viria depois".[20] A realidade psíquica assim preserva em forma de traços os movimentos e age inacessível à consciência que não pode ser objeto de representações ou de lembranças factuais que só podem ser substituídas por uma construção.

---

19 S. Freud, *Totem e tabu*, *OCF* 11, São Paulo, Companhia das Letras, 2012, p. 171.
20 *Ibid.*, p. 157.

Inverossímil verdade

A categoria "mito científico" de *Totem e tabu* tem um contraponto um pouco menos provocante na categoria de "romance familiar"[21] que Freud usa para justificar (em uma introdução de 1934 que permaneceu inédita) sua metodologia para *Moisés e o monoteísmo*. O título previsto para a primeira versão do ensaio era: *O homem Moisés. Um romance familiar*. Se o gênero literário que ele procura existe neste caso, ele tem que adaptá-lo por uma razão e com um objetivo comparáveis aos que o motivaram quando ele estava escrevendo a hipótese central de *Totem e tabu*: o material histórico é eminentemente não fiável – a tradição bíblica –, enquanto a compreensão desse episódio se mostra bastante essencial. O que legitima o hibridismo da ligação genérica é, como observa Freud, que em alguns casos a "verdade histórica" só pode ser alcançada por meio dos desvios da ficção: "O que [estas criações literárias] aspiram, portanto, é antes de tudo a verdade histórica, apesar de um recurso declarado à ficção".[22] Em um gesto retórico que beira a negação que se segue imediatamente a esta afirmação, Freud, não sendo "nem um pesquisador no campo da história nem um artista",[23] recusa-se, por sua vez, a recorrer à ficção: "Diz-se que uma verossimilhança, por mais sedutora que seja, não resguarda do erro".[24] O homem científico que ele afirma ser não tem outra escolha neste caso a não ser negociar um gênero muito particular de "romance histórico":

> *Comprometemo-nos, portanto, a tratar cada uma das várias possibilidades oferecidas pelo material como um ponto de apoio e a preencher as lacunas entre uma*

21 S. Freud, *Moisés e o monoteísmo*, *OCF* 19, São Paulo, Companhia das Letras, 2018, p. 14.

22 *Ibid.*

23 *Ibid.*

24 *Ibid.*, p. 18.

> *peça e outra, por assim dizer, de acordo com a lei da menor resistência, ou seja, dar prioridade à hipótese à qual temos o direito de atribuir a maior plausibilidade. O resultado desta técnica também pode ser visto como uma espécie de "romance histórico": não tem valor de verdade ou apenas um valor de verdade indeterminado, porque, por maior que seja a plausibilidade, não coincide com a verdade; a verdade é muitas vezes muito implausível e a evidência factual só pode ser substituída em pequena medida por deduções e suposições.*[25]

Supostamente desprovido de qualquer invenção, o "romance histórico" que estrutura o primeiro projeto de *O homem Moisés* – antes que Freud mudasse parcialmente de ideia para procurar "provas de fatos históricos tangíveis", como destacado por Yosef Hayim Yerushalmi –,[26] pretende ser um discurso que certamente não se baseia em fatos históricos, mas é o mais lógico possível e se aproxima de uma verdade que de outra forma é irrecuperável. Freud reafirma e aperfeiçoa, na introdução inicial a este texto tardio, a lógica indexada com a qual ele começou nos *Estudos sobre a histeria*. Um paradoxo, no entanto, espreita sob uma clarificação metodológica na forma de uma justificativa: Freud apoia uma concepção de "verdade histórica" do tipo positivo, enquanto produz uma crítica céptica do conceito de verdade. O ato inaugural da história – coletivo ou singular – seria, de acordo com essa definição, considerado necessário e, no entanto,

---

25 *Ibid.*, p. 18.

26 Y. H. Yerushalmi escreve: "Por um lado, ele está convencido de que, graças a uma visão psicanalítica, colocou o dedo em uma autêntica verdade histórica a respeito das origens do monoteísmo. Por outro lado, ele percebe que, ao contrário de *Totem e tabu*, sua nova reconstrução do passado deverá necessariamente ser fundada sobre as provas históricas tangíveis, por mais indiretas que estas sejam". *Le Moïse de Freud*, Paris, Gallimard, 1991, p. 59.

implausível. Freud parece contradizer-se: justificando a possibilidade de uma verdade histórica reconstruída com base no critério da plausibilidade, ele argumenta quase simultaneamente o aspecto inverossímil da mesma verdade. A situação do fato não é, portanto, um alicerce: é instável até mesmo contraditória. Neste ponto preciso, Freud é forçado a conceder um grau de indeterminação que é implícito pela intervenção da ficção com o propósito de substituição.

Se a concepção de um "valor de verdade indeterminado" ofende o historiador ou o lógico, pode, no entanto, ser compreendido no campo da clínica: a experiência do inconsciente não pode, como Freud entendeu no final dos *Estudos sobre a histeria*, se referir apenas a uma simples anamnese, mas também a uma complexa reconstituição de um material lacunar e contrariado. A verdade histórica a que a psicanálise visa, portanto, não é uma verdade factual, mas uma verdade "corrigida" além da deformação ligada ao retorno do recalcado: "E nos damos o direito de corrigir certa deformação que essa verdade sofreu durante seu retorno".[27] Por mais problemática que seja a definição freudiana de "verdade histórica", é essencial relacioná-la com a dupla questão – e a dupla cena – do retorno teórico e clínico do recalque. Como *Totem e tabu*, *Moisés* esconde questões clínicas que são tão precisas quanto cruciais: a esse respeito pode ser útil fazer referência a um texto prático escrito quase contemporaneamente que lança luz sobre certos aspectos especificamente analíticos de *Moisés*: "Construções na análise" (1937).

Nele Freud define a tarefa do analista em termos muito semelhantes aos do apêndice de *Moisés* que acaba de mencionar: "Ele tem que adivinhar, ou melhor, construir o que foi esquecido, com base nos indícios deixados".[28] A técnica de índice que ele detalha nesses dois

27 S. Freud, *Moisés e o monoteísmo*, *OCF* 19, São Paulo, Companhia das Letras, 2018, p. 191.

28 S. Freud, "Construções na análise", *OCF* 19, São Paulo, Companhia das Letras, 2018, p. 191.

escritos é menos parecida com o trabalho de um detetive – ou mesmo de um historiador – do que o de um arqueólogo: a comparação com este último[29] é explicitamente desenvolvida em "Construções na análise". No entanto, Freud reconhece que a tarefa do psicanalista é muito mais fácil do que a de seu colega especialmente por causa da indestrutibilidade do material psíquico: "Como sabemos, é duvidoso que qualquer formação psíquica possa realmente sofrer destruição total. É uma questão simples de técnica analítica saber se se conseguirá fazer aparecer inteiramente o que foi escondido".[30] Freud admite nesta ocasião que essa construção também pode ser entendida como uma reconstrução: "seu trabalho de construção ou, se preferirmos, de reconstrução".[31] O que essa hesitação retórica atesta é uma indecisão mais crucial do que parece e que Freud obviamente não deseja expandir: de fato ou o "fragmento da pré-história recalcada" é "construído" – nesse caso é inventado, mesmo que com base em deduções e inferências pré-concebidas e, consequentemente, devemos reconhecer a parte ficcional em ação na obra analítica – ou é "reconstruído" – em consequência, reconstruído a partir de pistas que são restos autênticos que foram encontrados. Se houver uma construção, ela se justifica no tratamento pela necessidade de compensar a ausência de uma peça em falta ou por uma relação que não pode ser estabelecida pelo analista e que carrega consigo uma parte de indeterminação – da imaginação – por mais que ela seja racional.

Ficção da cena original

A primeira versão do "mito científico" está localizada na Seção V de *Totem e tabu*, no capítulo intitulado "O retorno infantil do totemismo".

---

29 *Ibid.*, p. 192.

30 *Ibid.*, p. 193.

31 *Ibid.*, p. 192.

Freud sabe que está pisando em terreno delicado, mas não hesita em ignorar a impossibilidade de uma "observação direta".[32] A ficção que ele propõe envolve um ato de imaginação explicitamente solicitado a seus leitores: "Vamos agora representar a cena de tal refeição totêmica e dotemo-la de algumas características mais plausíveis, que até agora não podiam ser levadas em conta".[33] A cena da refeição totêmica cuja descrição fictícia segue é um híbrido: ela toma elementos de William Robertson Smith e acrescenta outros, incluindo a alternância dos efeitos de tristeza e alegria: "Mas este luto é sucedido pela mais barulhenta alegria festiva, pelo desencadeamento de todos os impulsos e pela autorização de todas as satisfações".[34] Deve-se notar que a cena do crime em si não é descrita: apenas o banquete que se segue permite o acesso a ela por indução, deixando o Urszene vazio de representação. A ambivalência dos efeitos que envolvem a refeição é a adição freudiana decisiva à tese de Smith. Freud também empresta ao homem primitivo pensamentos de culpa de uma extrema precisão: "Há uma consciência de que está sendo realizada, uma ação que é proibida a cada indivíduo e que só pode ser justificada pela participação de todos; nem ninguém tem o direito de se excluir da mortandade e da alimentação".[35]

Freud não ignora a violência de sua suposição teórica: ele conhece o caráter monstruoso da hipótese de assassinato paternal da qual ele se defende de ser o autor[36] e mede a complexidade de sua demonstração:

---

32 "Muitos autores se recusaram a dar peso à concepção do jantar totêmico, porque ela não podia ser corroborada, no estado do tetemismo, pela observação direta." S. Freud, *Totem e tabu*, *OCF* 11, São Paulo, Companhia das Letras, 2012, p. 137.

33 *Ibid.*, p. 139.

34 *Ibid.*

35 *Ibid.*

36 Em uma nota ele diz: "A hipótese aparentemente monstruosa da luta e da morte do pai tirânico por meio da união dos filhos expulsos também pareceu para Atkinson como uma consequência direta das condições peculiares da horda original darwiniana." *Ibid.*, p. 141.

> *Se agora juntamos a concepção psicanalítica do totem com o fato do banquete totêmico e a hipótese darwiniana sobre o estado primevo da sociedade humana, há a possibilidade de uma compreensão mais profunda, a perspectiva de uma hipótese que talvez pareça fantástica, mas que oferece a vantagem de produzir uma insuspeitada unidade com séries de fenômenos até então separados.*[37]

Por mais legítima que seja a hipótese, não deixa de ser "fantástica": este personagem que define um gênero literário – o das ficções que questionam ou superam todo realismo – qualifica, como Freud bem sabe, o delírio. Em "Construções na análise", ele observa que, se o recalcado não puder ser estritamente lembrado, ele aciona lembranças deformadas e indiretas de tipo alucinatório.[38] "Por isso temos de juntar uma restrição à nossa concordância. Também acreditamos que a solução dos devotos contenha a verdade, mas não a verdade material, e sim a histórica", de acordo com a distinção[39] mais acima evocada – uma verdade que parece implausível.

A reconstrução do "mito científico" ocorre após a declaração desta advertência. Isto toma a forma de uma narrativa que empresta do mito sua estrutura e sua forma da ficção:

> *Um dia os irmãos expulsos se uniram, massacraram e consumiram o pai e assim puseram um fim à horda paterna. Reunidos, eles ousaram e realizaram o que teria permanecido impossível para o indivíduo. [...] Que eles*

---

37 *Ibid.*, p. 140.

38 "Talvez seja uma característica geral da alucinação, até agora não devidamente apreciada, que nela retorne algo vivido na infância e depois esquecido." S. Freud, *Construções na análise*, *OCF* 19, São Paulo, Companhia das Letras, 2018, p. 197.

39 S. Freud, *Moisés e o monoteísmo*, *OCF* 19, São Paulo, Companhia das Letras, 2018, p. 97.

> *também tenham consumido aquele que tinham matado é compreensível, já que eram selvagens canibais. Sem dúvida, o violento pai primevo era o modelo temido e invejado de cada um dos irmãos. No ato de devorá-lo eles realizavam a identificação com ele, e cada um apropriava-se de parte de sua força. A refeição totêmica, talvez a primeira festa da humanidade, seria a repetição e a celebração desse ato memorável e criminoso, com o qual teve início tanta coisa: as organizações sociais, as restrições morais, a religião.*[40]

A refeição totêmica sela nada menos que a origem da sociedade humana – e o início da história. O estudo do totemismo com o qual *Totem e tabu* fecha coloca Freud na pista de uma história de religiões e desperta nele o desejo de continuar sua investigação psicanalítica sobre o desenvolvimento da origem da crença em Deus, inseparável do sentimento de culpa filial. Um elemento da liturgia cristã, a comunhão, sustenta a hipótese do assassinato e da incorporação original do pai: "Nossa visão acompanhou, através dos tempos, a identidade da refeição totêmica com o sacrifício animal, com o sacrifício humano teantrópico e com a eucaristia, percebendo em todas essas cerimônias o efeito do crime que tanto pesou sobre os homens, e do qual, ao mesmo tempo, eles tanto puderam se orgulhar".[41] Com a hipótese do assassinato do pai da horda, Freud acredita ter identificado não apenas a chave para a interpretação da religião totêmica, da exogamia e posteriormente da origem da sociedade, da moralidade e da religião, mas também sustentou a pedra angular da teoria psicanalítica baseada no complexo de Édipo. O "mito científico" que ele produz, para sua grande surpresa – "[é] uma surpresa que também esses problemas

40 S. Freud, *Totem e tabu*, *OCF* 11, São Paulo, Companhia das Letras, 2012, p. 141.
41 *Ibid.*, p. 151.

da vida psíquica dos povos permitam uma solução a partir de um único ponto concreto, que é a relação com o pai"[42] –, vem fornecer à ciência que ele fundou uma explicação unificadora. A vertigem que Freud pode ter sentido – a qual sua assumida surpresa atesta – sobre a ideia de ter levantado um canto do véu não é indiferente ao seu medo de certo exagero teórico. A tese freudiana que localiza a origem do medo do incesto no complexo de Édipo foi recebida de forma muito crítica por antropólogos, quer seja do americano Alfred Louis Kroeber[43] desde 1920, ou dos franceses Marcel Mauss[44] em 1924, e Claude Lévi-Strauss em *As estruturas elementares do parentesco*[45] (1948).

Édipo: o primeiro mito freudiano

É útil neste ponto voltar às circunstâncias da descoberta do mito edipiano na obra, pois é sem dúvida o arquivo mitológico e mitográfico freudiano: trazido à luz pouco depois que Freud abandonou a teoria da sedução – sua *neurotica* –, o esquema do mito que se tornará complexo vem em um momento decisivo em *A interpretação dos sonhos*, quando Freud discute sonhos em que o indivíduo sonha com "a morte de entes queridos".[46] Esses sonhos, qualificados como típicos, poderiam na verdade constituir uma séria negação da tese do sonho como a realização de um desejo inconsciente.

42 *Ibid.*, p. 153.

43 A. L. Kroeber, "Totem and Taboo: an Enthnologic Psychoanalysis", "Totem and Taboo in retrospect", *in The Nature of Culture*, Chicago, The University of Chicago Press, 1952, p. 301-309.

44 M. Mauss, "Rapports réels et pratique de la psychologie et de la sociologie", *in Sociologie et Anthropologie*, Paris, PUF, 1999, p. 290-297.

45 C. Lévi-Strauss, *Les Structures élémentaires de la parenté*, Paris, Mouton de Gruyter, 2002.

46 S. Freud, *Interpretação dos sonhos*, *OCF* 4, São Paulo, Companhia das Letras, 2019, p. 265.

A isso Freud replica que o desejo que anima o sonho não é um desejo contemporâneo, mas antigo: a teoria psicanalítica nascente encontra no sonho da morte de pais, irmãos e irmãs a prova da natureza infantil do material do sonho.

Freud é lembrado do mito de Édipo pela necessidade imperativa de superar um grande obstáculo: o de apoiar uma tese aparentemente absurda – ou "monstruosa"[47] – segundo a qual o sonhador pode ter desejado a morte de um de seus pais – geralmente o pai do mesmo sexo. Ele usa a mitologia para mostrar a lacuna entre a prescrição moral e a realidade da relação entre pais e filhos: "Sou da opinião de que o caráter sagrado que reconhecemos às prescrições do Decálogo entorpece a capacidade de nossas mentes de perceber o real".[48] A inclinação freudiana para a mitologia é entendida como um passo à margem anticlerical e um antídoto contra a idealização moralizadora imposta pelo discurso da religião. O mito de Édipo é assim invocado como um contraponto que é tudo menos implausível – e até mesmo profundamente realista – ao quinto mandamento do Decálogo que Freud menciona e que prescreve: "Honrarás teu pai e tua mãe". É bastante notável ler sua antecipação do hipotético assassinato do pai da horda neste preciso momento de *A interpretação dos sonhos*:

> *As notícias sombrias, transmitidas em mitos e lendas dos primórdios da sociedade humana, nos apresentam uma ideia desagradável do poder ilimitado do pai e da brutalidade com que ele o usava. Cronos devora seus filhos, semelhante ao que faz o porco com a cria da*

47 "Antes de refutar essa ideia como monstruosa, convém observar também aqui as relações reais entre pais e filhos. Precisamos distinguir aquilo que os padrões culturais de piedade exigem dessa relação daquilo que a observação diária realmente revela." *Ibid.*, p. 269.

48 *Ibid.*

> *porca-mãe, e Zeus castra o pai e se coloca em seu lugar como senhor. Quanto mais irrestrito era o domínio do pai na família antiga, mais o filho, como seu sucessor predestinado, precisava se ver como seu inimigo, maior precisava ser sua impaciência de chegar ao poder por meio da morte do pai.*[49]

Para confirmar a tese do desejo mortificante dos pais no trabalho no sonho, Freud revê dois casos clínicos de psiconeurose: o de uma jovem com aversão à mãe e o de um jovem obcecado pela ideia tortuosa de que mataria todas as pessoas que encontrasse na rua; a análise de Freud sobre esta paciente e sua posterior recuperação revela o desejo assassino de um pai excessivamente severo. Ambos os casos demonstram a duplicidade de sentimentos das crianças, neuróticas ou não, para com seus pais. Freud encontra na "lenda" edipiana a confirmação do caráter universal deste movimento agressivo:

> *Para apoiar essa descoberta, a Antiguidade nos deixou uma lenda cuja eficácia penetrante e universal só se torna compreensível se admitirmos uma universalidade semelhante da precondição da psicologia infantil acima discutida. Refiro-me à lenda de Édipo rei e ao drama homônimo de Sófocles.*[50]

Freud então relembra a trama da tragédia de Sófocles e a pontua com comentários destacando a semelhança entre os desejos incestuosos da criança e sua realização na cena trágica. Em uma nota inserida em 1914, ele responde às críticas violentas de sua teoria, referindo-se à confirmação de sua tese que constitui a enquete antropológica

---

49 *Ibid.*, p. 269.
50 *Ibid.*, p. 273.

desenvolvida em *Totem e tabu.*[51] A solidariedade entre a tese edipiana de *A interpretação dos sonhos* e a hipótese do assassinato do pai da horda desenvolvida em *Totem e tabu* participa para o reforço retroativo da teoria edipiana. Em sintonia com isso, Freud interpreta o trabalho da tragédia antiga e moderna – a de Édipo assim como a de Hamlet, cujo intertexto é narrado e estudado posteriormente em *A interpretação dos sonhos* – como "a reação do imaginário a estes dois sonhos típicos":[52] "[Há] uma voz dentro de nós pronta para reconhecer o poder coercitivo do destino na pessoa de Édipo".[53]

Moisés: aprofundamento da hipótese do assassinato

O tema do assassinato do pai original percorre o trabalho de Freud. O último texto freudiano retoma a hipótese de *Totem e tabu* e a estende não mais no contexto pré-histórico das origens da humanidade, mas no contexto histórico da invenção do monoteísmo: "Tomaremos de Sellin a hipótese de que o Moisés egípcio foi morto pelos judeus e a religião que ele instituiu foi abandonada".[54] A hipótese de um Moisés fundador do monoteísmo assassinado por seu povo, que foi apresentado em 1922 por Ernst Sellin, arqueólogo e historiador bíblico – antes que ele desistisse – chamou a atenção de Freud e o interessou principalmente porque confirmou sua própria hipótese

51 "O 'complexo de Édipo', que é discutido aqui pela primeira vez na interpretação dos sonhos, adquiriu desde então um significado e importância insuspeitos para a compreensão da história humana e para o desenvolvimento da religião e da moral comum."(Cf. *Totem e tabu, op. cit.*). S. Freud, *Interpretação dos sonhos*, *OCF* 4, São Paulo, Companhia das Letras, 2019, p. 275.

52 *Ibid.*, p. 306.

53 *Ibid.*, p. 304.

54 S. Freud, *Moisés e o monoteísmo*, *OCF* 19, São Paulo, Companhia das Letras, 2018, p. 31.

do assassinato do pai da horda original. "O assassinato de Moisés por seu povo judeu, notado por Sellin em pistas deixadas na tradição – e, curiosamente, também aceito pelo jovem Goethe sem nenhuma prova –, torna-se, assim, parte indispensável da nossa construção":[55] a construção desenvolvida em *O homem Moisés* aprofunda a hipótese de *Totem e tabu*, convertendo-a em uma tese cuja verdade histórica Freud procura estabelecer. Yerushalmi insiste na diferença de *status* entre estas duas obras no que diz respeito à abordagem histórica que Freud se esforça por adotar nesta última: "No entanto, embora inimaginável sem esta obra anterior, *O homem Moisés* está longe de estar satisfeito ao aplicar as conclusões de *Totem e tabu* ao judaísmo".[56] A diferença é indiscutível: Freud não aplica a hipótese de assassinato uma segunda vez. No entanto, ele sustenta que a tragédia histórica do povo judeu repete a "barbárie pré-histórica":[57] o assassinato de Moisés por seu povo repete o assassinato do pai primitivo. Não é a aplicação como um gesto, mas a repetição como um paradigma que se mostra decisivo aqui. Por mais indiscutível que seja – o autor se dá ao trabalho de repetir em *O homem Moisés* com grande riqueza de detalhes a "construção"[58] do assassinato do pai original e seus efeitos politeístas como ele já os havia exposto em *Totem e tabu* –, a repetição é mais que um motivo ou antífona, é um conceito psicanalítico de primeira ordem que caracteriza a pulsão de morte assim como o retorno do recalcado. O núcleo do argumento freudiano de Moisés consiste precisamente em ligar intimamente o retorno do recalcado ao assassinato de Moisés.

A figura paterna de Moisés é, porém, a antítese do pai da horda; a lei de ferro que ele impõe a seu povo é bem diferente daquela que pesa sobre a comunidade de irmãos: não é o gozo ilimitado do pai

55 *Ibid.*, p. 68.

56 Y. H. Yerushalmi, *Le Moïse de Freud*, *op. cit.*, p. 58.

57 S. Freud, *Moisés e o monoteísmo*, *OCF* 19, São Paulo, Companhia das Letras, 2018, p. 43.

58 *Ibid.*, p. 63.

que os judeus não podem suportar, mas, ao contrário, "uma religião tão espiritualizada",[59] marcada pela renúncia pulsional. O que permite que Freud vincule estes dois episódios? Certos pontos em comum, um dos quais é decisivo – o desejo de esquecer: "Veio um tempo em que lamentaram o assassinato de Moisés e procuraram esquecê-lo".[60] Movimentos ambivalentes de amor e ódio, júbilo e tristeza comparáveis aos analisados em *Totem e tabu* também agitam o povo judeu. Desta vez, porém, sem negar sua hipótese primitiva, Freud pretende concentrar-se nos efeitos ligados à repressão do ato. Se ele confirma em 1938 sua hipótese de 1913, seu ponto de vista mudou: não é mais do ponto de vista da transgressão, mas do ponto de vista do trauma que o ato deve doravante ser considerado. É por analogia com a teoria do trauma e com as noções aferentes do retorno do recalcado e o período de latência que se forma a base da hipótese de *Moisés*. Freud invoca a clínica do trauma para apoiar sua tese, comparando o retorno da repressão nos hebreus com os sintomas diferidos de uma vítima de um acidente de uma batida de trens.[61] O totemismo, a primeira religião, procede de uma formação reativa, já o monoteísmo, de um retorno do recalcado a uma distância do ato. Freud chega a estimar o período de latência entre o assassinato de Moisés e a fundação da religião judaica em Kadesh como "duas gerações, talvez até um século".[62]

Os dois cenários, o de *Totem e tabu* e o de *O homem Moisés*, são apresentados como complementares partindo da mesma hipótese mortificante: eles contribuem para o esboço de uma genealogia das religiões e justificam a invenção do monoteísmo. O único inominável que a religião judaica traz a seu clímax – Yahweh – é a fantasia do pai assassinado cujo assassinato foi recalcado. A propósito, o cenário da

59 *Ibid.*, p. 38.
60 *Ibid.*, p. 126.
61 *Ibid.*, p. 52.
62 *Ibid.*, p. 116.

comunidade totêmica e igualitária de irmãos desenvolvida em *Totem e tabu* e em *Psicologia de massa e análise do Ego* não é mais relevante em *O homem Moisés*. De acordo com esta nova construção, a religião judaica vem de um ato violento e esquecido e seus efeitos. Seria o produto traumático de duas épocas distintas, de duas partes do povo judeu e de dois personagens desconhecidos um para o outro: um Moisés egípcio, o sumo sacerdote fundador da religião monoteísta de Akhenaton que foi assassinado, e um Moisés midianita, um pastor ao qual Yahweh teria se manifestado. O trauma tem origem no recalque ativo do assassinato[63] e na separação irredutível resultante – ao mesmo tempo que o monoteísmo, também o inconsciente nasceu de fato: "Um dos componentes do povo viveu uma experiência que deve ser considerada um trauma, que permaneceu estranho ao outro".[64] É por meio de um cenário traumático que Freud relata a fundação do monoteísmo – e do judaísmo – como o restabelecimento com culpa dos direitos do pai original. A religião cristã fundada por um judeu romano, Paulo, nomeia e teoriza este sentimento difuso e intenso de culpa como "pecado original" entendido como "crime contra Deus".[65]

O problema do monoteísmo que o povo judeu historicamente endossou ao longo dos séculos é, segundo Freud, que ele vem de uma ação, e não de uma rememoração: "O destino havia tornado a grande façanha e atrocidade do tempo primitivo, o assassinato do pai, mais próximas do povo judeu, ao fazer com que este as repetisse na pessoa de Moisés, uma extraordinária figura paterna. Foi um caso em que o "atuar" [*Agieren*] tomou o lugar do recordar".[66] O monoteísmo procede

63 "Ambos os lados [do povo judeu] tinham o mesmo interesse em negar que havia uma religião anterior entre eles e da qual tinha derivado seu conteúdo." *Ibid.*, p. 147.

64 *Ibid.*, p. 130.

65 *Ibid.*, p. 196.

66 *Ibid.*, p. 68.

de uma repetição – a repetição de um conhecimento inconsciente que estrutura, entre outras coisas, a Lei judaica e a neurose.

O homem religioso, como o neurótico, repete na transferência o que não se lembra: a religião, como descobriu Freud, é em essência neurótica, e a religião judaica é um exemplo paradigmático do retorno do recalcado. Ela contém o "fóssil"[67] do assassinato original – testemunho silencioso que explica, segundo Freud, as persecuções históricas às quais os judeus foram submetidos: de acordo com o desenvolvimento freudiano, a qualificação de um povo "deicida" tem uma explicação genealógica e psíquica que é muito anterior àquela fornecida pelo Novo Testamento.

Apelo para substituir

Em *Totem e tabu*, a validação do "mito científico" é de natureza clínica:

> *Para achar verossímeis estas consequências, fazendo abstração de suas premissas, basta supor que o bando de irmãos rebeldes era dominado, em relação ao pai, pelos mesmos sentimentos contraditórios que podemos discernir no conteúdo do complexo paterno de nossas crianças e nossos neuróticos.*[68]

O "mito científico" seria, portanto, a reconstituição de uma ficção inferida e corroborada pela experiência psicanalítica. A justificação diacrônica do mito é baseada em uma clínica infantil inclusive indireta porque o próprio Freud tratou poucos pacientes jovens.[69]

---

67 *Ibid.*

68 S. Freud, *Totem e tabu*, *OCF* 11, São Paulo, Companhia das Letras, 2012, p. 141.

69 Mesmo a história do caso do "pequeno Hans" corresponde a um tratamento que foi essencialmente realizado pelo pai da criança, um discípulo de Freud.

Totem e tabu apresenta algumas histórias de casos que ilustram e estabelecem decisivamente a concordância entre neurose e animismo que coloca em jogo um vínculo associativo e uma terceira e mediadora representação: no capítulo "O retorno infantil do totemismo", Freud se interessa por fobias animais que ele interpreta como um deslocamento de angústia em relação ao pai. Um caso confiado a ele por Sándor Ferenczi ocupa um lugar especial em sua demonstração: a fobia aviária do pequeno Árpád. A criança de 2 anos e meio tentou urinar em um galinheiro quando uma galinha mordeu seu membro: "Um ano depois, de volta ao mesmo lugar, tornou-se ele próprio uma galinha, interessou-se apenas pelo galinheiro e tudo o que ali se passava, e trocou a linguagem humana por cacarejos e cocoricós".[70] A afirmação "ele mesmo se tornou uma galinha" se mostra crucial para a interpretação freudiana do caso. Freud não apenas descreve o movimento psíquico da criança, mas também o endossa de uma forma fantástica, a ponto de fazer com que a transformação consista na grande tradição das *Metamorfoses* ovidianas, elas próprias inspiradas pelos discursos mitológicos da antiguidade greco-latina. Aqui, a escrita clínica é combinada com uma narrativa que beira o fantástico. A questão não é literária, mas demonstrativa: trata-se de mostrar a potência quase performativa do pensamento infantil. A reviravolta literária sofrida pelas afirmações clínicas pontualmente sustenta a ficção que a neurose coloca em cena.

O interesse do caso – além do cenário paroxístico – reside na extrema ambivalência que a criança mostra em relação ao animal totem. Antecipando sua própria hipótese da refeição totêmica, ele cita Ferenczi: "'A matança das aves é para ele uma festa. É capaz de dançar por horas em torno dos corpos dos bichos, tomado de excitação.' Mas em seguida beijava e alisava o animal abatido, limpava e acariciava as galinhas de brinquedo que ele próprio havia

70 S. Freud, *Totem e tabu*, *OCF* 11, São Paulo, Companhia das Letras, 2012, p. 131.

maltratado".[71] Este ódio-amor do animal abatido prefigura, no nível da criança, a ambivalência do filho e do irmão em relação ao pai da horda assassinado. Freud deduz uma dupla lição deste caso: identificação com o animal totem e ambivalência em relação a ele. O caso do pequeno Árpád não é meramente ilustrativo; ele serve como o pivô de toda a manifestação. Seu sintoma confirma a analogia entre animismo e neurose, e valida na clínica uma hipótese teórica inspirada em Darwin.

O "mito científico" do assassinato do pai da horda elaborado a partir de uma fonte antropológica é assim confirmado por uma situação clínica que é ilustrada por um mito freudiano. O complexo de Édipo está no centro da demonstração de *Totem e tabu*: a reviravolta de força consiste em destacar que os dois tabus do totemismo ("não matar o totem e não ter relações sexuais com uma mulher do totem")[72] estão exatamente em concordância com os crimes edípicos, mas com uma condição: o animal totem é substituído pelo pai. Esta operação de substituição não é uma operação interpretativa, mas, sim, tradutiva. A demonstração só se mantém na condição de que uma determinada operação lógica seja realizada. O pedido que Freud dirige a seu leitor não consiste desta vez em um apelo para que se creia, como no caso de "O Homem dos Lobos", mas em um apelo para que se traduza. Se o animal totem é colocado no lugar do pai, o totemismo se manifesta e teoriza "os dois desejos primordiais da criança"[73] e de humanidade. Esta tradução de um símbolo pelo sinal que o originou é decisiva para todo o argumento ao qual dá consistência: o mito científico do assassinato do pai da horda confirma a tese do complexo de Édipo e sua repressão: "Não podemos afastar a hipótese de que o sentimento de culpa da humanidade vem do complexo de Édipo e foi adquirido quando do assassínio do pai pelo

71 *Ibid.*, p. 168.
72 *Ibid.*, p. 132.
73 *Ibid.*

bando de irmãos".[74] Em *Totem e tabu*, Freud faz uma "dose dupla",[75] segundo a expressão de Ricœur: ele decifra, graças ao complexo de Édipo, o enigma do medo do incesto que o etnólogo observa sem poder explicar, e fornece por meio da interpretação da religião totêmica uma prova que ele acredita ser irrefutável da validade de sua teoria. Foi o pequeno Árpád que parece ter dado a Freud o elo perdido em seu entendimento: "Meu pai é o galo", ele disse certa vez.[76] A verdade – quem ficará surpreso? – sai da boca das crianças em psicanálise para aqueles que sabem como escutá-las. O procedimento de tradução utilizado por Freud e solicitado a seu leitor é consubstancial à atividade inconsciente que distorce e substitui, como mostrou *A interpretação dos sonhos*. A substituição é uma operação lógica que toma emprestada das duas principais fontes de trabalho dos sonhos a condensação e o deslocamento: ela procede de uma única representação até a intersecção de várias cadeias associativas (condensação) e realiza uma transferência de uma representação particularmente intensa para outra menos óbvia e menos marcada (deslocamento). Essa operação permite elucidar uma representação enigmática para desmascarar uma representação sob outra. A manobra perversa do pequeno Árpád, como as proibições da religião totêmica, criptografa e transporta efeitos violentos e ambivalentes de uma figura – representação primordial – para outra – representação substituta. Eles permitem que o desencadeamento pulsional contra o pai continue a ser exercido de modo velado e que seja comemorado para além do recalque. A substituição não é simplesmente uma operação de decifração que Freud propõe a seu leitor: ela constitui em primeiro lugar uma operação da psique inconsciente cuja vocação é tornar possível uma manifestação de efeitos de intensidade e de

74 S. Freud, *O mal-estar na civilização*, *OCF* 18, São Paulo, Companhia das Letras, 2010, p. 68.

75 P. Ricœur, *De l'interprétation: essai sur Freud*, Paris, Le Seuil, 1965, p. 198.

76 S. Freud, *Totem e tabu*, *OCF* 11, São Paulo, Companhia das Letras, 2012, p. 131.

uma ambivalência extremas, de encontrar uma saída – um espaço e uma forma – para investimentos irrepressíveis e, no entanto, inexprimíveis como são. Estas representações substitutas como o galo ou o animal totem são uma necessidade psíquica estrita, mesmo que possam assumir formas que podem variar.

O esquema de analogia

A antropologia freudiana, no prolongamento da psicanálise aplicada, tem, como esta última, um objetivo teórico de verificação, mas, sobretudo, uma função heurística: baseia-se essencialmente na relação entre filogênese e ontogênese. Entre a história do desenvolvimento da espécie humana e a do desenvolvimento do indivíduo, Freud, retomando a lei da biogenética do biólogo Ernst Haeckel (1834-1919) segundo a qual a ontogênese recapitula a filogenia, em *Totem e tabu*, mantém a tese de uma analogia que permite a iluminação recíproca do homem primitivo, da criança e do neurótico e a elucidação conjunta do mistério da relação totêmica e das fobias animais da criança; a tese de uma analogia que, em *O homem Moisés*, coloca no mesmo nível o destino do povo judeu e do neurótico e explica pela noção de trauma a invenção do monoteísmo e o processo da neurose obsessiva.

Independentemente de seu uso antropológico, a analogia é uma operação lógica que provou ser crucial para a descoberta e transmissão do inconsciente e é a base na qual Freud se baseia e até "capitaliza": ela nos permite relacionar o que aparentemente não está relacionado, estabelecer simetrias e semelhanças além da separação imposta pela ordem do não relacionado, ou seja, do inconsciente. O *analogon* como terceiro termo mediador permite não apenas a comparação, mas o estabelecimento de uma relação lógica necessária além da barreira intransponível da repressão. A analogia é encontrada nos dois extremos do raciocínio antropológico freudiano: ela permite ao psicanalista entrar num território disciplinar que lhe é estranho – lança luz sobre os mistérios do incesto; leva a uma conclusão que interessa e apoia a ciência psicanalítica em troca: a elucidação da culpa inconsciente concebida como a herança transgeracional do indivíduo. A analogia é, portanto, mais do que uma operação de relacionamento: ela produz compreensão e tece ligações entre fenômenos separados. Ela permite que os termos de uma relação sejam gerados de forma incremental sem confundir as ordens que não são para ser confundidas. Freud especifica que a vida dos povos primitivos e a dos neuróticos são mutuamente esclarecedoras sem serem idênticas: o esquema de analogia permite assim não introduzir o conceito de inconsciente "coletivo",[77] uma tese junguiana que Freud rejeita. A analogia é sempre mais do que uma simples comparação: em certos casos, como a relação entre a religião judaica e a neurose traumática, a comparação tem o valor de uma prova e a analogia acaba se tornando uma relação de identidade: "ela se aproxima da identidade", escreve Freud em *O homem Moisés.*

Na antropologia freudiana, o desenvolvimento ontogenético está, portanto, constantemente relacionado à evolução filogenética. Já em *Totem e tabu*, Freud apresentou a hipótese da hereditariedade das disposições psicológicas que ele justificou pela transferência do sentimento de culpa: "Supomos, principalmente, que a consciência de culpa por um ato persiste através de milênios e continua a influir em gerações que nada podiam saber desse ato".[78] Em *Moisés*, diante da dificuldade que a ideia de uma transmissão transgeracional do recalcado representa quando levada ao limite, ele é obrigado a justificar a analogia entre a psique individual e a coletiva. Embora seja possível aceitar que o recalcado seja preservado intacto no nível do indivíduo – este é o significado da hipótese inconsciente –, é mais

77 S. Freud, *Moisés e o monoteísmo*, *OCF* 19, São Paulo, Companhia das Letras, 2018, p. 99.

78 S. Freud, *Totem e tabu*, *OCF* 11, São Paulo, Companhia das Letras, 2012, p. 154.

difícil aceitar que um trauma possa ter sido transmitido de geração em geração desde o Alto Egito. Freud prevê várias possibilidades inverossímeis e depois apresenta uma hipótese que eu descreveria como limite: a de uma "herança arcaica".[79] É limitada em vários aspectos: primeiro porque compromete a analogia e a substitui por uma identidade em um contexto de causalidade evolutiva; segundo – e acima de tudo – porque introduz decisivamente um tipo de hipótese de tipo biológico em um contexto psicológico: "Aprendemos que nossos filhos [...] não reagem de acordo com sua própria experiência, mas instintivamente de forma comparável aos animais, como só pode ser explicado pela aquisição filogenética".[80] Embora nenhum médico duvide dessa afirmação, o mesmo não pode ser dito de um psicanalista treinado na teoria freudiana. O fato de que a origem do conhecimento inconsciente está em última análise na biologia perturba a hipótese psicanalítica sobre seus fundamentos e preocupa sua premissa: o animal humano seria um animal como qualquer outro? Freud não está longe de sugerir isto em certas páginas da terceira parte de *Moisés*, para o espanto de alguns de seus leitores mais assíduos. Não satisfeito em seguir a teoria lamarckiana da hereditariedade dos caracteres adquiridos, ele estende o argumento de uma herança arcaica transmitida biologicamente não apenas às "disposições, mas também [ao] conteúdo – traços de memória relativos à experiência de vida das gerações anteriores".[81] Ao fazer isso, ele corre o risco de voltar a uma posição organicista da qual se distanciou historicamente no início de sua carreira, ou pior, de se afundar em uma especulação de natureza decididamente fantástica. O final da primeira parte de *Moisés* conclui de forma bastante peremptória: "Após essa discussão, não tenho receio de afirmar que

---

79 S. Freud, *Moisés e o monoteísmo*, *OCF* 19, São Paulo, Companhia das Letras, 2018, p. 126.

80 *Ibid.*, p. 160.

81 *Ibid.*, p. 128.

os seres humanos sempre souberam – daquele modo especial – que um dia tiveram um pai primevo e o mataram".[82] A lógica analógica leva a um postulado – por definição, não demoníaco – e parece atingir seu limite.

Poética do assassinato original

A substituição, operação que acabamos de ver como parte integrante da "obra" do inconsciente, também contribui para o processo de ficção: o *roman à clef* mencionado por Freud em sua introdução ao caso "Dora", por exemplo, apresenta um ou mais personagens fictícios desempenhando o papel de pessoas reais cuja identidade – seus nomes – é deliberadamente escondida no espaço novelista. Grau zero do romanesco, o *roman à clef* é baseado no maior procedimento elementar – o mais arcaico – de toda ficção. A última seção de *Totem e tabu* procura por "traços indeléveis na história da humanidade"[83] do assassinato do pai original presente nas obras literárias, "formações substitutas ainda mais numerosas, pois ele mesmo teve que ser menos lembrado",[84] escreve Freud. O uso da noção clínica de "formações substitutivas" para descrever obras de literatura confirma de fato a concepção subjacente da ficção como um terceiro espaço de representação com vocação psíquica particular. Freud pensa assim nos trabalhos da tradição como muitos lugares – *topoï* – onde os arquivos de moções tão antigas quanto a humanidade são depositados e reproduzidos no modo da fantasia. Ele chega ao ponto de justificar a necessidade psicológica e antropológica da invenção de grandes formas poéticas em relação ao complexo paterno. Em *O homem Moisés* ele implícita e sub-repticiamente avança mais

82 *Ibid.*, p. 77.
83 S. Freud, *Totem e tabu*, *OCF* 11, São Paulo, Companhia das Letras, 2012, p. 152.
84 *Ibid.*

uma analogia: aquela que liga as formações substitutas que são obras literárias (os dois épicos homéricos, por exemplo) e as formações de compromisso que são religiões: "Aqui o resultado é uma criação literária, aqui uma religião".[85] Em ambos os casos, o que é chamado de "tradição" é, para Freud, interpretado como "latência".

Para apoiar seu argumento, Freud cita em uma nota uma das passagens mais famosas e enigmáticas de *A tempestade* de Shakespeare ("Sob cinco braças de água está teu pai", Ato 1, Cena 2), menciona a mitologia que, segundo ele, está repleta de tais "traços" e finalmente se concentra na tragédia grega a partir da qual ele demonstra que o mecanismo inteiro é baseado na necessidade de sofrimento: "O herói da tragédia teve que sofrer; este é ainda hoje o conteúdo essencial de uma tragédia".[86] A justificação do gênero da tragédia pela hipótese do assassinato do pai original não é insignificante: Freud pretende provar que as obras de cultura – neste caso o teatro – não estão apenas repletas de referências ao homicídio primeiro recalcado, mas certas delas manifestam[87] este fato em sua própria estrutura. O gênero de tragédia grega, que é conhecido por ter coincidido com a invenção da democracia ateniense, é um grande desenvolvimento cultural e civilizacional na história do Ocidente, na opinião de Freud. A representação do sofrimento do trágico herói se dá num palco de teatro – um palco que ecoa o "outro palco" do inconsciente. A trágica ação, embora absolutamente separada da vida dos espectadores, produz neles efeitos que Aristóteles descreveu como catárticos – purificadores: "A cena teatral deriva, mediante uma adequada distorção – podemos até dizer: a serviço de uma refinada hipocrisia –, da cena histórica".[88] É surpreendente que Freud não mencione nem a *Poética*

---

85 S. Freud, *Moisés e o monoteísmo*, *OCF* 19, São Paulo, Companhia das Letras, 2018, p. 211.

86 S. Freud, *Totem e tabu*, *OCF* 11, São Paulo, Companhia das Letras, 2012, p. 152.

87 Ele também menciona o gênero das paixões de Cristo na Idade Média.

88 S. Freud, *Totem e tabu*, *OCF* 11, São Paulo, Companhia das Letras, 2012, p. 154.

de Aristóteles nem a tese clássica da catarse, apesar de estarem exatamente de acordo com sua demonstração. A tragédia grega de certa forma substituiria o banquete totêmico: fazer a comunidade indivisível do público reviver a paixão do pai e a expiação purificadora de seu assassinato. Freud pede implicitamente uma releitura da história das obras e gêneros literários à luz do desenvolvimento da consciência de culpa dos povos.

Invenção do mito e do poeta

Em *Psicologia das massas e análise do Ego* (1921), ele apresenta uma teoria do mito e reserva ao primeiro poeta épico um *status* muito especial na história da humanidade:

> *Por esse tempo a privação nostálgica pode ter levado um indivíduo a desligar-se do grupo e assumir o papel do pai. Quem realizou isso foi o primeiro poeta épico, o avanço ocorreu em sua fantasia. O poeta "transmentiu" a realidade no sentido de seu anseio. Ele inventou o mito heroico. Herói era aquele que sozinho havia matado o pai, que no mito ainda aparecia como monstro totêmico. Assim como o pai fora o primeiro ideal do garoto, agora o poeta criava o primeiro ideal do Eu no herói que substituiria o pai.*[89]

Como contraponto à sua tese sobre a pré-história da humanidade, Freud reflete sobre a história das formas poéticas e não está longe de produzir uma teoria de gêneros sobre um modelo aristotélico que inclui mito, narrativa e, como acabamos de ver, tragédia. O "mito heroico"

---

89 S. Freud, *Psicologia das massas e análise do eu*, *OCF* 15, São Paulo, Companhia das Letras, 2011, p. 79.

concebido como um gênero original e mito primitivo é entendido como um efeito secundário do assassinato do pai da horda. Como um duplo do pai da horda por sua arrogância, mas não menos culpado do que o resto da comunidade de irmãos dos quais, no entanto, ele se exime, o poeta assume para si mesmo, segundo Freud, o poder de um dito hipócrita e singularmente antiético.

O mito, "aquela transformação poética enganosa do tempo original",[90] como Freud a chama, é uma forma cultural que resulta de uma necessidade psíquica estrita. Deve-se notar que a tese de Freud sobre a origem de toda a literatura é de origem metafísica e é consistente com a crítica platônica do poeta como um perigoso ilusionista. Sua concepção do primeiro bardo proposta em 1921 está em desacordo com a grande consideração que Freud tem pelo escritor em numerosos ensaios, notadamente em "O poeta e a atividade da fantasia" (1908). O poeta é visto em *Psicologia de massas e análise do Ego* como um filho, um irmão, um homem à parte: o último filho amado de sua mãe, um traidor da causa fraterna. Freud encontra no Rank um elemento de confirmação de sua tese em um detalhe recorrente dos contos: "os contos de fadas preservaram nítidos traços do fato negado".[91] Em muitos contos o herói comete o ato salvador "só pode fazê-lo com ajuda de uma hoste de pequenos animais (formigas, abelhas)".[92] Tanto o mito quanto o conto (seu avatar) podem ser interpretados à luz do assassinato pelo qual a humanidade se libertou do jugo tirânico: "Além disso, pode-se facilmente reconhecer, em cada tarefa dos mitos e contos, um sucedâneo do feito heroico".[93] Freud deduz disso uma teoria do mito como um ato radical e inaugural de individuação: o poeta, um

90 *Ibid.*, p. 75.

91 *Ibid.*, p. 79.

92 *Ibid.*

93 *Ibid.*

demiurgo, se é que alguma vez houve um, encontra-se na origem de uma categoria metapsicológica, a do Ideal do Eu.[94]

> *Portanto, o mito é o passo com que o indivíduo emerge da psicologia da massa. O primeiro mito foi certamente o psicológico, o mito do herói; o mito explicador da natureza deve ter surgido bem depois. O poeta que deu este passo, e com isso libertou-se do grupo na imaginação, sabe, conforme outra observação de Rank, achar o caminho de volta para ele na realidade. Pois ele vai e conta a esse grupo os feitos de seu herói, por ele inventados. No fundo esse herói não é outro senão ele próprio. Assim ele desce até à realidade e eleva seus ouvintes até a imaginação. Mas os ouvintes entendem o poeta, eles são capazes de identificar-se com o herói a partir da mesma relação nostálgica com o pai primevo.*[95]

O poeta certamente rouba o fogo sagrado do ato original para satisfazer seu próprio impulso narcisista; ao fazer isso, ele dá um presente a todos os homens por meio da identificação – uma identificação que Freud teoriza com base na relação edipiana[96] no Capítulo VII da *Psicologia das massas e análise do Ego* – da possibilidade de fazer o mesmo. O poeta é assim um criador com um *status* ambíguo: o mais egoísta dos irmãos, é ele quem lhes fornece uma forma – o mito – que lhes permite dar livre curso aos seus próprios movimentos de onipotência.

---

94 "Da mesma forma, o poeta cria agora neste herói que quer substituir o pai o primeiro ideal do Ego." *Ibid.*

95 *Ibid.* Modifiquei levemente a tradução.

96 "O garoto revela um interesse especial por seu pai, gostaria de crescer e ser como ele, tomar o lugar dele em todas as situações." *Ibid.*, p. 48.

Se o assassinato do pai da horda é o ato pelo qual a história humana é iniciada, o mito é, de acordo com Freud, o primeiro ato individual. A função do poeta – seu ditado – é entendida acima de tudo como um ato de secessão da comunidade de homens. A palavra poética é uma extensão do ato original como uma repetição negada, transformada e fantasiosa. Se o poeta não inventa a fantasia – a da posse de mulheres, por exemplo, sobre a qual o pai reinou sem contestação –, que sem dúvida foi amplamente compartilhada pelos irmãos da horda, ele lhe dá uma forma instituída e transmissível: o mito.

Em "O poeta e a atividade fantasiosa", Freud já comparava a atividade poética e o devaneio por meio da fantasia e colocava a figura do herói no centro de toda criação literária, mesmo a menor entre elas: o herói se destaca por sua invulnerabilidade e egocentrismo – traços que já caracterizavam o primeiro poeta. O romancista moderno que Freud cita em apoio à sua manifestação – ele menciona o nome de Émile Zola – tem assim como seu antepassado distante o bardo das origens: concebido na linha do mito, o romance psicológico procede de uma "memória antiga".[97] A "memória da infância" de que o poeta heroico se apropria não é outra coisa senão a memória da infância de toda a humanidade: o assassinato do pai da horda. O "romance familiar dos neuróticos" que Freud desenvolveu em 1909 é principalmente sobre o pai assim que a criança entende o comércio sexual do qual ela mesma se origina. Como matriz dos gêneros literários, o mito é pensado e postulado como uma formação do substituto ao ato. No início, portanto, não é a Palavra na poética freudiana de origem, mas um feito que o dito nunca vem a não ser para refutar, para desmentir, para levantar em uma retomada fantástica e fantasiosa.

---

97 S. Freud, "O escritor e a fantasia", *OCF* 8, São Paulo, Companhia das Letras, 2015, p. 234.

Uma "etnografia fantasiosa, às vezes fantástica"

A dupla ligação entre a clínica e sua aplicação estabelecendo uma analogia entre neurose e totemismo, a criança e o primitivo, pode em última análise revelar-se uma espada de dois gumes. A lógica analógica subjacente à antropologia freudiana a fim de articulá-la à clínica se justificada por dentro, encontra certo limite se não demonstrativo, pelo menos explicativo. Em alguns aspectos, Freud parece estar envolvido em seu próprio jogo de aplicação que produz efeitos de validação que são parcialmente especulares: a lendária história do assassinato do pai original narrada várias vezes com algumas variações em seu trabalho antropológico (*Totem e tabu*,[98] *Psicologia das massas e análise do Eu*,[99] *Mal-estar na civilização*,[100] *Moisés e o monoteísmo*)[101] reforça a teoria da ambivalência dos sentimentos originais e da culpa, ela própria induzida a partir de uma clínica infantil e neurótica, que é iluminada em troca em sua representação mitológica. Nem o assassinato do pai da horda, nem o desejo de assassinar a criança podem ser rememorados: é no intervalo, é no meio, entre a suposição antropológica e o testemunho clínico, que a realidade de uma moção pré-histórica tão capital quanto reprimida pode ser hipostasiada. A "perversão aviária"[102] do Árpád de Freud é de fato em grande parte elucidada a partir do totem animal dos chamados povos primitivos. Por outro lado, em *Moisés*, Freud reconhece explicitamente: "Os mitos e fábulas dos povos conservam numerosos vestígios da pré-história esquecida, e o estudo psicanalítico da vida psíquica das crianças forneceu, em abundância inesperada,

---

98 S. Freud, *Totem e tabu*, *OCF* 11, São Paulo, Companhia das Letras, 2012, p. 138.

99 S. Freud, *Psicologia das massas e análise do Eu*, *OCF* 15, São Paulo, Companhia das Letras, 2011, p. 78.

100 S. Freud, *Mal-estar na civilização*, *OCF* 18, São Paulo, Companhia das Letras, 2010, p. 287.

101 S. Freud, *Moisés e o monoteísmo*, *OCF* 19, São Paulo, Companhia das Letras, 2018, pp. 65, 68-69.

102 S. Freud, *Totem e tabu*, *OCF* 11, São Paulo, Companhia das Letras, 2012, p. 127.

material para preencher as lacunas de nosso conhecimento dos tempos primitivos".[103] A clínica é parte integrante de uma teoria que é ela mesma explicativa da clínica. A serpente analógica da antropologia freudiana tende, em alguns lugares, a morder sua própria cauda.

A relevância da observação clínica não está em questão aqui nem a validade da interpretação proposta por Freud após Ferenczi. A lógica da explicação e validação recíproca de uma teoria das origens do indivíduo e da massa, unificada e totalizante, é, por outro lado, mais problemática. Deste ponto de vista, o "mito científico" freudiano continua a compartilhar características comuns com o mito como um discurso explicativo e mistificador – *muthos* – sobre origens que não consegue corrigir ou expurgar. A descoberta de uma única origem – um fator explicativo universal – para a neurose, a religião, a moral e a sociedade levanta questões: a fantástica hipótese da antropologia, se ela fornece à psicanálise seu mito teórico e reforça algumas de suas premissas fundamentais, é minada pela fantasia de uma racionalidade sem limites.

Ricœur, considerando sua antropologia, julga duramente a empreitada freudiana. Ele considera que é o exemplo menos convincente da aplicação da psicanálise: "como um exame de *Totem e tabu* mostrará facilmente, a psicanálise está condenada a recorrer a uma etnografia fantasiosa, às vezes fantástica e em qualquer caso sempre em segunda mão e se limita a psicologizar o fenômeno social".[104] O filósofo, apesar das críticas, aponta para a fantasia e a parte fantástica da ficção antropológica que se baseia na ordem da fantasia com estes dois termos. O mesmo Ricœur rejeita categoricamente a hipótese do "Édipo histórico dos selvagens" e seu uso desonesto:

103 S. Freud, *Moisés e o monoteísmo*, *OCF* 19, São Paulo, Companhia das Letras, 2018, pp. 65, 68-69.

104 P. Ricœur, *De l'interprétation: essai sur Freud*, *op. cit.*, p. 187.

> *No entanto, é legítimo levar o exame de [*Totem e tabu*] até onde é possível ir sem trazer o que é mais frágil, ou seja, precisamente o histórico Édipo dos selvagens que talvez seja apenas um mito científico subsumido ao trágico mito de Sófocles e projetado, à maneira de uma "cena primitiva", no fundo da autoanálise de Freud e da psicanálise de seus pacientes.*[105]

Comentador ardente do trabalho de Freud, Ricœur é crítico de uma montagem teórica que parece muito pobre, se não ingênua: "O material está agora reunido: se alguém amalgama Frazer, Wundt, Darwin, Atkinson e Robertson Smith, temos a seguinte história: "Um dia, os irmãos [...]".[106]

De Certeau também observa a inclinação freudiana para a ficção, mas leva muito a sério o gesto da invenção mitológica:

> *Daí a ambiguidade dos grandes mitos que ele cria, de* Totem und Tabou *a* Der Mann Moses, *entre seu caráter ficcional (nada é realmente histórico neles) e o fato de que eles dizem respeito à relação com a realidade (eles dão a forma do movimento histórico).*[107]

Se só podemos concordar com De Certeau, podemos, no entanto, nos perguntar sobre a justificativa do plural: o mito freudiano da psicanálise não seria um mito único na medida em que visa unificar tendências psíquicas e diversas situações históricas e clínicas? Embora tenha duas versões principais, o mito do assassinato do pai é um mito dividido, mas indivisível. O mito grego de Édipo, que duplica e cobre o mito judeu de Moisés, é um e o mesmo cenário

105 *Ibid.*, p. 197.

106 *Ibid.*, p. 205.

107 M. de Certeau, *Histoire et psychanalyse entre science et fiction*, *op. cit.*, p. 134.

do qual a psicanálise produz uma análise sintética na teoria do complexo paterno: "A psicanálise, que aclara as profundezas da vida anímica, não encontra dificuldade em mostrar que também os laços sexuais dos primórdios da infância continuam a existir, reprimidos e inconscientes, porém".[108] Este "mito científico", uma lembrança da infância da humanidade, sem dúvida também envolve a pessoa de seu autor, que acaba de perder seu próprio pai no preciso momento em que formula um mito para a psicanálise.

Resta uma pergunta: a psicanálise requer uma nova mitologia como episteme ausente? Justifica-se uma ciência em confiar em um mito, mesmo científico? Este é sem dúvida o medo de Ricœur, que justifica sua rejeição de uma antropologia demasiado fantasiosa e não suficientemente rigorosa; este é o significado implícito da interpretação de De Certeau da função de ficção em uma teoria do inconsciente. Freud, não sendo um filósofo, não tem nenhum preconceito particular contra o *muthos*: o enigma hereditário da humanidade é tanto exposto quanto explicado ali. Quer o deploremos ou o saudemos, Freud se mostra um mitógrafo inegável: não só relê e reescreve o discurso dos mitos, mas também cria um que é rejeitado em várias variantes para as necessidades de sua teoria. O mito de Édipo é a pedra angular do desenvolvimento psíquico do indivíduo; o mito de Moisés articula a não menos estruturante função paterna e os movimentos ambivalentes que ele suscita. Ludwig Wittgenstein considera que a releitura freudiana de Édipo não é uma explicação, mas um grande mito.[109] O mito é uma formação substituta, o arquivo do inconsciente de massa, bem como o instrumento de elaboração e transmissão de uma teoria científica da psique; como enunciado

---

108 S. Freud, *Psicologia das massas e análise do Eu*, *OCF* 15, São Paulo, Companhia das Letras, 2011, p. 81.

109 "Não tem uma explicação científica sobre o antigo mito. Ele propôs um novo mito, foi o que ele fez." Wittgenstein, *Leçons et conversations sur l'esthétique, la psychologie et la croyance religieuses*, Paris, Folio, 1992, p. 105.

(conteúdo), bem como a enunciação (forma), não é estranho à fantástica dimensão da experiência do inconsciente como *unheimlich*.

A "mitologia" da unidade

Entendida como um processo descritivo ou diegético – descrição ou narrativa – com um objetivo teórico, a ficção torna possível trazer à tona a parte reprimida da unidade. É usada principalmente para explicar a unidade: na reflexão antropológica, que se baseia em uma teoria de unidades sintetizada em *O mal-estar na civilização* (1929) e em *Além do princípio de prazer* (1920), em que a hipótese da unidade de morte é formulada pela primeira vez. Este último é exercido tanto no nível macroscópico da massa na pulsão de agressão voltada contra o mundo exterior que se apresenta em *O mal-estar na civilização* quanto no nível microscópico da célula destacado em *Além do princípio de prazer*: em ambos os extremos da cadeia da vida, entre natureza e cultura, o poder da morte é tão silencioso[110] e indistinto quanto ativo.

Em um texto posterior resumido sobre as pulsões, Freud compara explicitamente sua teoria das pulsões a uma mitologia:

> *A teoria dos instintos é, por assim dizer, nossa mitologia. Os instintos são seres míticos, formidáveis em sua indeterminação. Em nosso trabalho não podemos ignorá-los um só instante, mas nunca estamos certos de vê-los com precisão.*[111]

---

110 Freud contrasta as manifestações estrondosas e ruidosas de Eros com a pulsão da morte, que age silenciosamente. (Cf. S. S. Freud, *Mal-estar na civilização*, *op. cit.*, p. 58.)

111 S. Freud, *Novas conferências introdutórias à psicanálise*, *OCF* 18, São Paulo, Companhia das Letras, 2010, p. 176.

Assim como o átomo, que nem o olho nem o microscópio do físico, por mais poderoso que seja, não conseguiriam enxergar, a pulsão – mesmo que seus efeitos sejam perceptíveis no espaço da transferência – é e continua sendo uma construção teórica: sem sua inferência, porém, a psicanálise seria incapaz de formular qualquer uma de suas teses.

Para explicar sua origem, Freud não produz um mito adicional, mas recorre a um mito grego existente – o dos andróginos primitivos – que se encontra na caneta de um filósofo: "Refiro-me, naturalmente, à teoria que Platão faz Aristófanes exprimir no Simpósio, que trata não só da origem do instinto sexual, mas também de sua mais importante variação relativa ao objeto".[112]

O psicanalista enfatiza um aspecto do "mito platônico", como ele o chama – o da aspiração a se reunir –, que ecoa poeticamente sua própria teoria celta. O que justifica o empréstimo de um mito é que de sua teoria "faz derivar um instinto da necessidade de restauração de um estado anterior".[113] A hipótese de uma pulsão conservadora – um impulso que preserva a morte da qual vem e à qual aspira retornar inexoravelmente[114] – não encontra confirmação no discurso da ciência que é contemporâneo para ela:

> *No momento somos tentados a levar às suas últimas consequências a hipótese de que todos os instintos querem restabelecer algo anterior. Se o que daí resultar parecer "profundo" ou causar impressão mística, sabemos que não nos podem fazer a censura de que buscamos esse*

112 S. Freud, *Além do princípio de prazer*, *OCF* 14, São Paulo, Companhia das Letras, 2010, p. 167.

113 *Ibid.*, p. 166.

114 "Terá de ser, isto sim, um velho estado inicial, que o vivente abandonou certa vez e ao qual ele se esforça por voltar, através de todos os rodeios de seu desenvolvimento. Se é lícito aceitarmos, como experiência que não tem exceção, que todo ser vivo morre por razões internas, retorna ao estado inorgânico, então só podemos dizer que o objetivo de toda vida é a morte, e, retrospectivamente, que o inanimado existia antes que o vivente." *Ibid.*, p. 149.

> *efeito. Nós procuramos os sóbrios resultados da pesquisa ou da reflexão nela baseada, e não desejamos que eles possuam outra característica senão a da certeza. Portanto, se todos os instintos orgânicos são conservadores, historicamente adquiridos e orientados para a regressão, o restabelecimento de algo anterior.*[115]

Embora ele o negue – pois, como ele escreveu em 1913, "Desde já enfatizo que ela não é fruto da especulação, mas da experiência, e, portanto, é inacabada enquanto teoria"[116] –, em *Além do princípio de prazer*, Freud se entrega ao que ele chama de "especulação": esta se baseia em uma ficção teórica que desta vez toma a forma não de um "mito científico" ou de um "romance histórico", mas de uma fábula de origens.

O além *da experiência: a especulação*

A especulação que ele admite no texto de 1920 é marcada por uma ambivalência extrema:

> *Talvez me perguntem se e até onde estou convencido das hipóteses aqui apresentadas. A resposta seria que eu próprio não estou convencido nem peço que outros nelas acreditem. Ou, mais precisamente: não sei até onde creio nelas. Parece-me que o fator afetivo da convicção não precisa, de forma alguma, ser considerado aqui. Podemos nos entregar a um curso de pensamento, acompanhá-lo até onde ele for, somente por curiosidade ou, se quiserem, como advocatus diaboli [advogado do diabo] que não se vendeu ao diabo por isso.*[117]

---

115 *Ibid.*, pp. 148-149.

116 S. Freud, *Princípios básicos da psicanálise*, *OCF* 10, Companhia das Letras, 2010, p. 204.

117 S. Freud, *Além do princípio de prazer*, *OCF* 14, São Paulo, Companhia das Letras, 2010, p. 167.

A legitimidade da especulação biológica desenvolvida nestas páginas do Capítulo VI é questionada por seu próprio autor. Por que isso acontece? Porque a mudança para a pulsão de morte como um esquema explicativo da teoria da pulsão não decorre da observação direta. O material em que ele se baseia não é muito experimental: "A isto se junta que somente àqueles podemos atribuir o caráter conservador, ou melhor, regressivo, do instinto, correspondente a uma compulsão de repetição. Mas talvez eu tenha superestimado seu significado".[118] O problema espinhoso que encontra – mesmo que não seja novo – é que não se pode contar com um tipo de abordagem indutiva – a que ocorre nas ciências experimentais e que consiste em proceder desde o particular da experiência clínica até o geral da tese. Na melhor das hipóteses, sua abordagem pode ser considerada hipotético-dedutiva: Freud repete ao longo do ensaio que sua hipótese, se não induzida pela experiência, esclarece sobre uma situação clínica observável e de outra forma incompreensível – a restrição de repetição. No artigo "O inconsciente", em 1915, ele já havia explicado uma transgressão do mesmo tipo que era considerada legítima: "Um ganho em sentido e coerência é motivo plenamente justificado para irmos além da experiência imediata".[119] A preposição no título do ensaio – além: *jenseits* em alemão – é ambígua: significa além do princípio do prazer, mas também além da experiência imediata. Esta última e segunda valência do "além" leva a uma complicação epistemológica que ecoa implicitamente a da hipótese do inconsciente negociada uns cinco anos antes em "O inconsciente".

Para quebrar o impasse de crença que poderia resultar de um afastamento do raciocínio baseado na experiência, Freud, mais uma vez, recorre à ficção: isto autoriza a suspensão momentânea das exigências de prova, a fim de permitir a exploração de possibilidades

---

118 *Ibid.*, p. 187.

119 S. Freud, "O inconsciente", *op. cit.*, p. 76.

teóricas ainda não experimentadas que podem entrar livremente em relação com a experiência clínica: "Em qualquer caso não é possível perseguir esta ideia a não ser combinando várias vezes o factual com o puro produto do pensamento e, portanto, se distanciando muito da observação".[120]

A fábula teórica das origens

Em *Além do princípio de prazer*, Freud argumenta que a morte domina a economia geral das pulsões: a pulsão de morte não é concebida apenas como a pulsão final, mas acima de tudo como a pulsão original. Se o "mito científico" tivesse sido enunciado, a fábula das origens que está por trás da hipótese da morte não é nomeada nem afirmada como tal. No máximo, Freud se justifica por ter recorrido a um regime de descrição que pode surpreender:

> *No julgamento de nossa especulação sobre os instintos de vida e de morte, não incomodaria muito que nela sucedam tantos processos estranhos e pouco evidentes, como um instinto ser expulso por outros, dirigir-se do Eu para um objeto e coisas assim. Isto se deve a que somos obrigados a trabalhar com os termos científicos, ou seja, com a linguagem figurada própria da psicologia (mais corretamente, da psicologia das profundezas). De outra forma não poderíamos descrever os processos em questão; de fato, não os teríamos sequer percebido. As falhas de nossa descrição provavelmente desapareceriam*

---

120 S. Freud, *Além do princípio do prazer*, *OCF* 14, São Paulo, Companhia das Letras, 2010, pp. 169-170.

> *se já pudéssemos empregar os termos fisiológicos ou químicos, em vez dos psicológicos.*[121]

Incriminando "a linguagem das imagens próprias da psicologia", ele culpa a possível deriva imaginária de sua descrição pela imperfeição de sua disciplina: este seria o resultado infeliz das condições deficientes de exposição da psicologia. A hipótese da origem da vida é objeto de uma descrição, mas, mais ainda, de uma narrativa que toma a forma de uma fábula teórica:

> *Em algum momento, por uma ação de forças ainda inteiramente inimaginável, os atributos do vivente foram suscitados na matéria inanimada. Talvez tenha sido um processo exemplarmente semelhante ao que depois, em certa camada da matéria viva, fez surgir a consciência. A tensão que sobreveio, na substância anteriormente inanimada, procurou anular a si mesma; foi o primeiro instinto, o de retornar ao inanimado. Era fácil morrer, para a matéria então vivente; provavelmente percorria um curso de vida bastante breve, cuja direção era determinada pela estrutura química da jovem vida.*[122]

Ao dom da vida *ex nihilo* – cuja aparência procede do operador bem conhecido das fábulas: "Advém o dia" –, a pulsão original responde: a de pôr um fim a isso. A primeira pulsão é concebida como mortífera e reativa: uma portadora da morte, ela visa retornar ao lugar de onde veio. Não pode se desprender, ser separada, ser desimpregnada – no máximo se deixar momentaneamente desviar – de sua origem. A pulsão inicial marca sua tendência original ao desligamento do processo pulsional e a economia geral das pulsões.

---

121 *Ibid.*, p. 149.
122 *Ibid.*, p. 125.

A pulsão de vida, por outro lado, surge na medida em que se extirpa progressiva e incrementalmente, que ela cria um vínculo a partir do processo de desligação e se desdobra silenciosamente: mas o fato é que ela vem da morte. É da morte que a possibilidade de uma pulsão de vida é excedida, abandonada. A pulsão de morte é pensada como original em uma capacidade dupla: é cronologicamente primeiro, mas também é logicamente prevalecente, marcada com o selo de origem e do retorno a um estado anterior.

> *Assim, por longo tempo a substância viva pode ter sido repetidamente criada, sempre morrendo com facilidade, até que decisivas influências externas mudaram de forma tal que obrigaram a substância ainda sobrevivente a desviar-se cada vez mais do curso de vida original e fazer rodeios cada vez mais complicados até alcançar a meta da morte.*[123]

O trabalho das pulsões ditas de vida, de acordo com o cenário proposto por Freud, consiste em alongar o caminho para a morte introduzindo um *loop* adicional, uma digressão que toma a forma de um curto-circuito, uma duração rasgada contra um fundo de diferença rítmica. Segundo esta hipótese, a vida é um adiamento da morte, um tempo ganho sobre e contra a morte, uma negação da negatividade. A metáfora usada por Freud neste ponto preciso faz com que a pulsão de vida coincida com um processo de repetição: "sempre mais"; uma repetição suspensiva de um final inescapável, mas uma repetição a serviço da extensão da vida, de um "bis" de gozo diferido. As pulsões de vida se comportariam um pouco como Scheherazade, que, tentando escapar da morte prometida a cada noite, conta ao Sultão uma história cujo fim é adiado para o próximo nascer do sol.

---

123 *Ibid.*

O final da Seção V de *Além* é um cenário pró-fantástico – uma ficção antropomórfica e dramatizada do conflito pulsional:

> *Eles são propriamente os instintos de vida; pelo fato de agirem contra a intenção dos outros instintos – que, devido à sua função, conduz à morte –, insinua-se uma oposição entre eles e os demais, cuja importância logo foi reconhecida pela teoria das neuroses. É como um ritmo hesitante na vida dos organismos; um grupo de instintos precipita-se para a frente, a fim de alcançar a meta final da vida o mais rapidamente possível; atingida uma determinada altura desse caminho, o outro corre para trás, a fim de retomá-lo de certo ponto e assim prolongar a jornada.*[124]

A busca pela origem da pulsão dá surgimento a uma fábula de origens associada a uma luta fictícia até a morte das pulsões que leva Freud a deliberar sobre a vontade de viver do puramente somático. O clímax de seu cenário teórico – empurrado ao ponto de seu autor sentir pelo menos remorso retórico – é o momento em que ele encena a possibilidade de uma intencionalidade de *soma*:

> *O que daí resta é que o organismo pretende morrer apenas a seu modo; tais guardiães da vida também foram, originalmente, guarda-costas da morte. Surge então o paradoxo de que o organismo vivo se rebela fortemente contra influências (perigos) que poderiam ajudá-lo a alcançar sua meta de vida por um caminho curto (mediante curto-circuito, digamos), mas essa conduta caracteriza justamente os esforços apenas instintuais, em oposição*

124 *Ibid.*, pp. 151-152.

> *aos inteligentes. Mas reflitamos um momento, isso não pode ser assim!*[125]

Há uma húbris no exame especulativo da pulsão de morte baseada em uma fábula teórica das origens, cujo perigo Freud previu claramente. O mínimo que podemos dizer é que sua fabulosa hipótese de morte não obteve aprovação unânime na comunidade analítica: André Green, por exemplo, lamentou amargamente o fato de que "Freud [...] fecha seu trabalho sobre a base de uma biologia imaginária".[126] Na conclusão de *Além*, Freud reconhece que sua teoria dos impulsos está sem dúvida aberta à crítica, como toda escatologia:

> *Mas infelizmente é raro ser imparcial quando se trata das coisas últimas, dos grandes problemas da ciência e da vida. Creio que cada um é aí dominado por preferências bastante enraizadas interiormente, cujo jogo faz, sem o saber, com sua especulação.*[127]

Sua especulação – por mais livre e frágil que seja, mas sempre baseada num imaginário não teológico – atesta sua impossibilidade de renunciar a prestar contas do poder mortífero do qual o homem e analista Freud não podia deixar de observar a insistência clínica, política e poética em ação na vida.

O texto *Além do princípio de prazer* tem características em comum com ensaios sobre antropologia para tentar penetrar no mistério das origens por meio do uso da ficção. Quer seja a fábula biológica, o "mito científico" ou o "romance histórico", a origem em Freud é mortificante. No início era em todos os casos a morte.

---

125 *Ibid.*, p. 151.

126 A. Green, *Le Travail du négatif*, Paris, Minuit, 1993, p. 47.

127 S. Freud, *Além do princípio de prazer*, *OCF* 14, São Paulo, Companhia das Letras, 2010, p. 168.

O *Urszene* biológico ou pré-histórico é uma cena de morte – a vida como princípio de ligação intervindo apenas em uma segunda vez como reação ou resposta: seja o pacto democrático dos irmãos no final do banquete totêmico ou o *loop* transformador da pulsão. As potências de ligação, por mais eficazes e decisivas que sejam, são, na opinião de Freud, consecutivas à morte dada.

A teoria das pulsões faz com que ficções antropológicas e biológicas se comuniquem. Freud relaciona implicitamente o elementar da vida celular à complexidade da vida psíquica – em *Psicologia das massas e análise do Ego*, ele cita em apoio a estas afinidades o trabalho de um cientista contemporâneo cuja pesquisa atraiu particularmente sua atenção: Wilfred Trotter é o autor de uma teoria do instinto gregário segundo a qual o indivíduo humano ou celular se sente incompleto se estiver sozinho. "Esta gregaridade", escreve Freud,

> *Biologicamente, esse gregarismo é uma analogia e como que um prosseguimento da multicelularidade; em termos da teoria da libido, mais uma expressão da tendência de todos os seres vivos, procedente da libido, a juntar-se em unidades cada vez mais abrangentes.*[128]

A teoria troteriana permite a Freud afirmar sua concepção de evolução: ela é constituída por analogias que atestam elas próprias extensões reais inscritas na história da espécie. Entre o infinitamente pequeno e o infinitamente grande, o simples e o complexo, existem relações que só o dispositivo da ficção a meio caminho entre a teoria e a clínica do inconsciente é capaz de captar.

---

128 S. Freud, *Psicologia das massas e análise do Eu*, *OCF* 15, São Paulo, Companhia das Letras, 2011, p. 61.

Conclusão

Em suas sucessivas tentativas de teorização que coincidem com os gêneros do caso clínico, com a psicanálise aplicada e com o ensaio de antropologia psicanalítica, Freud constrói de modo iterativo e incoativo um andaime teórico a partir de sua clínica, renegociando e aprofundando as condições para a validação e transmissão da hipótese do inconsciente em cada curva de seu trabalho. A ficção como operação – esquema – está no cerne de um dispositivo que tenta circunscrever as entradas e saídas de uma suposição que toma o lugar de um princípio matricial na psicanálise. Ela nos permite gerar hipóteses que derivam e retransmitem as hipóteses do inconsciente para nos aventurarmos na *terra incógnita* da psique inconsciente. O *status* e o destino da ficção se fundem com o da metapsicologia, uma verdadeira serpente marinha na obra cuja função é concedida com dificuldade – pelo menos retórica – em uma famosa passagem já citada:

> *Temos que dizer: "É preciso chamar a bruxa, afinal". Ou seja, a bruxa metapsicologia. Sem especular e teorizar – quase digo: fantasiar – de maneira metapsicológica, não*

> *avançamos um passo neste ponto. Infelizmente, também desta vez as informações da bruxa não são muito claras nem muito detalhadas.*[1]

Sem ficção – intuição heurística, ligação esquemática, mapeamento imaginário e especulativo do aparelho psíquico – também não avançamos um passo.

A razão da relutância de Freud em usar a ficção que ele justifica ou exclui alternadamente é a necessidade de preservar a psicanálise – e a transferência que ela carrega e que se desgasta com o que Roustang chama com razão de "influência" – do risco de afundar em um regime de fé e ilusão comparável ao da religião. Movido por ideais científicos e um superego científico, Freud tinha medo de reconhecer abertamente um lugar de ficção na psicanálise para não pôr em perigo a seriedade e a cientificidade de uma ciência nascente. Entretanto, no final desta jornada, parece que a psicanálise freudiana faz um duplo uso da ficção: um uso prático que visa tornar a experiência do inconsciente comunicável, e um uso teórico que sustenta a hipótese do inconsciente.

Nos *Estudos sobre a histeria*, Freud confessa sua surpresa: "a mim mesmo ainda impressiona singularmente que as histórias clínicas que escrevo possam ser lidas como novelas e, por assim dizer, careçam do cunho austero da cientificidade".[2] Mesmo que a primeira episteme freudiana tenha rapidamente cedido lugar a outras formas de escrita da clínica, as relações entre a psique e ficção não são desmentidas ao longo de toda a obra. Em "O romance psicanalítico", De Certeau observa: "Freud adota a abordagem oposta [...]

---

1 S. Freud, "Análise terminável e interminável", *OCF* 19, São Paulo, Companhia das Letras, 2018, p. 166.

2 S. Freud, *Estudos sobre a histeria*, *OCF* 2, São Paulo, Companhia das Letras, 2016, p. 153.

à de Georges Dumézil, segundo o qual existe uma reprodução das mesmas estruturas do mito ao romance [...]. Ele começa um retorno ao mito a partir do romance".[3] O trabalho de Freud, que começou com os *Estudos sobre a histeria* e cujo modelo epistemológico é o romance do século XIX e o subgênero da história policial, termina com *Moisés e o monoteísmo*, que encontra no que Freud chama de "mito" a fonte da sociedade, da religião e da moralidade.

De Certeau descreve o gesto freudiano como tendo consistido em tirar "figuras de linguagem" do "gueto literário" e importá-las para o campo da ciência: "Talvez ele as tenha usado como cavalo de Troia para historiar a retórica e reintroduzi-la na *cité* da ciência".[4] Embora só se possa concordar com esta leitura esclarecedora, acho mais difícil seguir De Certeau quando ele escreve: "Estes procedimentos não se enquadram na racionalidade da *Aufklärung*, que privilegia a analogia, a coerência, a identidade e a reprodução".[5] De Certeau vê a relação de Freud com Kant em termos de uma reviravolta: um século depois, Freud viraria todas as afirmações kantianas uma a uma. Em sua análise, o "adulto" parece ser determinado por sua "minoria, o saber por mecanismos pulsionais; a liberdade pela lei do inconsciente; o progresso pelos acontecimentos originários".[6] Longe de ser uma contradição de Kant, parece-me que Freud procurou, ao contrário, confiar na crítica kantiana e na limitação de conhecimento que ela impõe para validar a extensão do domínio do conhecimento psíquico que ele considerava necessário e que a psicanálise carrega. Freud descobriu que as condições para validar a hipótese do inconsciente são complexas e, em alguns aspectos, frágeis e incansáveis para serem reinventadas para cada novo caso. Mas a psicanálise freudiana procura incessantemente vencer a batalha

---

3 M. de Certeau, *Histoire et psychanalyse entre science et fiction*, *op. cit.*, p. 116.

4 *Ibid.*, p. 118.

5 *Ibid.*, p. 117

6 *Ibid.*, p. 119

de uma ciência do conhecimento inconsciente – mesmo que seja na forma de uma hipótese –, de um conhecimento da necessidade que constitui a realidade psíquica arrancada da crença e da superstição. A ficção como Freud pratica e concebe representa um poderoso antídoto contra a cegueira da fé e a ilusão da religião.

GRÁFICA PAYM
Tel. [11] 4392-3344
paym@graficapaym.com.br